ヤマケイ文庫

名残の山路

Okada Kisyu

岡田喜秋

Yamakei Library

名残の山路　目次

第一部　変わりゆく山河

第二部　名残の秘話

装丁・本文レイアウト＝小林幸恵（エルグ）
編集＝萩原浩司
校正＝山本修二

第一部　変わりゆく山河

大杉谷・再探訪

1

「三十年ぶりに訪れた大杉谷は、奇跡的に晴れていた」という書き出しにしよう、と思ったのは、大台ヶ原山の頂から吉野の谷へ下ってゆく、帰りのバスの中であった。「奇跡的に」などという誇大な表現は使いたくない私だが、この本州のほぼ真ん中、大台ヶ原の雨の多さを知っている人には理解してもらえるだろう。一日になんと七〇〇ミリの雨が降ったという記録がある。一年ではない。

大台ヶ原山への東からの登山口が大杉谷。三重県側からの登路がある。雨多きが故に、育ってきた樹を伊勢神宮に献上してきた御用材の産地である。この谷も雨が多い。ことに初夏から夏にかけては毎日のように降る。

五月ならば晴れる日もあろう、という期待に反して、今年も連日この地域は降っていた。三週間待ったが、もう雨でもいい、と登山靴を撫でながら、防水のズボンを用意して、この谷間の入り口、松阪を目指した。

このあたりが晴れていても、紀伊半島の南から雨がくる。晴れるのは秋の終わりの一時期だけで、年間四〇〇〇ミリの雨量と聞けば、屋久島も顔負けである。

雨をなぜそんなに怖れる、と言われそうだが、この大杉谷の山路は、一口にいって、岩の露出した山道が濡れると、足を滑らせ、眼下の深い谷底へ落ちる危険をはらんでいるからである。そういう岩質なのだ。

それを知っているが故に、雨の止む日を待ったのだ。冒頭に「三十年ぶり」と書いたが、正確には三十三年前に、私はこの大杉谷を訪れている。その時も、雨で途中から引き返した。その後も山登りをして足腰は鍛えているつもりだが、雨に濡れた山道の滑りやすさは、「要注意」だ。狭まった両岸は絶壁のところが、かなりある。

2

幸い、今回は私より若い写真家、姉崎一馬さんが同行してくれている。ともに日頃の「おこない」が良いせいか、その日から晴れたのである。松阪から乗ったバスは大杉谷の入り口にあるダムを目指して走る。約二時間、宮川の上流は大杉という名の集落のところでダム湖をつくっている。

そこが登山口である。川がふくれ上がってできた湖の底に、かつては道があり、人家があった。今は湖畔に住み、わずか七軒、その中に私が泊まった宿があるはずだ。名は美杉旅館。バスの終点に位置した宿は健在だった。当時は二十歳代だったはずの娘さんが、さすが歳月を感じさせる姿で、見覚えのある廊下の奥から出てきて、私の記憶はよみがえった。あらためて差し出してくれた名刺には、村田さち代とあり、

「父は昭和六十年に亡くなりました」

と聞いたとき、もう少し早く来ればよかった、と思った。しかし、この大杉谷は、昭和五十五年から五十八年まで三年間は、入山が禁じられていた。自然保護のためか、と思うかもしれないが、そうではなかった。一日かけて歩くこの峡谷には吊り橋が十もあり、上流の橋の一つで、記念撮影中、荷重のためか、突然ケーブルが切断し、橋上にいた人が谷底へ落下したのである。

昭和五十四年のこの遭難事件を契機に、多雨のために、弱まっていた橋の寿命も考え、改めてすべての吊り橋を架け替え、同時に、絶壁に近い崖の中腹には、鎖をつけ

ることにしたのである。

そのために三年間は「立ち入り禁止」にしたのである。私がかつて泊まったとき、今は亡き館主が、

「熊も滑って落ちるんだ。この間は、滝壺の中で死んで浮かんでいた」

と言ったのを思い出した。

「樹はだいぶ伐られたので、熊は少なくなったようですが、雨が多いこの季節は、ヒルが沢山いますよ。塩を持っていってください」

と、翌日出掛けるとき，女主人は塩を一掴みくれた。ナメクジと同じように、もし肌にとりつかれたら、塩をかけると溶けるというのである。ここはさすが高温多湿の谷間、山には馴れた私も姉崎さんも「熊よりヒルか」と一瞬笑ったが、心中二人とも、雨が降らないことを祈るしかなかった。

3

一夜明けると、行く手の峡谷は雲を払いはじめている。宮川ダムの最奥に発電所の建物がある。ここが歩きはじめの地点である。しかし、伊勢側から大杉谷を登って行

く人は少ない。ほとんどの登山者が大台ヶ原の方から下ってくる。その理由は登りがつらいからである。下る方が楽だ、と思う人が多いが、ここでは、下ってくる人が足を滑らせて遭難しているケースが多い。「登ってゆく人は、慎重に歩くからでしょう」と美杉旅館の女主人は言ったが、ヒルが落ちてくるのを気にして、頭上を見ていると、足元の凹凸に気付かず、激流の中に滑落しかねない。

大台ヶ原山の頂がゴールである。高度差は約一四〇〇メートル。一日では登れない。谷の奥にある唯一の宿、桃ノ木山の家に泊まる。そこまで、いくつかの巨瀑を見ながら岩壁をへずる。二日目は後半が尾根道となる。初夏は石楠花に出会えるが、それまでの峡谷が滑りやすい。しかし、この間の古成層の岩肌が見どころなので、大日嵓《ぐら》と呼ばれる絶壁を見上げながら、朝食を摂る。高さ一〇〇メートルもある。この前、来たときは、この岩の下で脚が震えた覚えがある。今は右手で鎖がつかめるようになっている。かつては、いわゆる桟道で、雨が降りつづくと、板敷きの道は底が抜けそうな恐怖感があった。

谷というより峡谷で、その両岸は堅い硬砂岩である。これが大杉谷の特色で、昭和十五年まで道がつくれなかった。江戸の末期に、松浦武四郎が上からくだっているが、谷筋は通れず、大台ヶ原から尾根道を歩いている。戦前は、昭和六年に、三好毅一が大阪毎日新聞に連載した記事に、「魔の大杉谷踏破」というタイトルをつけている。そんなことを、姉崎さんと語っていると、両岸の絶壁が気になった。この硬砂岩は、チャートともいい、石英岩より堅そうだが、滑りやすい。しかし、樹は多雨とともによく育つ。伊勢神宮への献木はもちろん、法隆寺の五重塔の心柱も、この谷のヒノキである。

歩きはじめて二時間。千尋ノ滝の対岸に来た。高さは二〇〇メートル。左右に幅ひろい岩壁から末広がりの滝が落ちている。この前、来た時よりも、水量が少ないようだ、と言ったら、姉崎さんは、背後の山肌の密伐を見抜くような眼で、山肌にカメラを向けた。

「ヒメシャラがきれいですね」

という視界を見れば、下界のサルスベリより頑丈そうな枝ぶりを接写していた。私は、思わず、

「山水画の構図になっている」

と言ったが、今日の私は、同行の写真家に敬意を表して、カメラは持っていない。肉眼で観察して、風景の真髄を見抜くのが私の旅の信条だ。やがて、ニコニコ滝が現れた。ここはシシ淵とよばれているが、川原に石灰岩が絵のように配置されていて、

スケッチしたくなったので、三十分休んだ。このあたりの岩は、火山質ではなく、最高に堅い岩質で、滝に削り取られない。ニコニコ滝から三十分後に見た平等嵓の岩峰は二つのピークを突き立てて、見る者を威圧していた。

その夜は、桃ノ木山の家泊まり。滝の連続する谷間の底にある一軒宿である。大杉谷の過去を研究している管理人の森正裕さんは、古絵図を見せてくれた。元禄二年（一六八九）に書かれた鳥瞰図には、上流の光ノ滝が大きく描かれている。

大杉谷の滝の連続は、この小屋の上で、さらに魅力を増す。翌朝、すぐ現れたのが七ツ釜の滝。背後の山から太陽がのぞくので、「ここは夕方の撮影がいい」と姉崎さん。七ツ釜の滝は三段になって落下している。ここから、十分歩くと、両岸が垂直になり、急に狭まったと思うと、与八郎滝。どんな人の発見なのか、と思ううち、光ノ滝が現れた。名のごとく、滝の下部が太陽の光を受けると、虹がみえるのだ。立ち去りがたいが、すぐ先の隠れ滝にひかれた。名のとおり、すこし下に降りないと見えない。底知れぬ神秘さを感じさせる滝壺だ。水音がしないのが不気味だ。

滝の姿態の変化に感動していると、ついに、遭難のエピソードのある堂倉沢の吊り橋が現れた。ここは南から流れ込む沢で、逃げ場がない感じの谷の最奥。二つの遭難記念碑が建っている。一九七九年の事故は、吊り橋の上で記念撮影していた数人が、その重みで落下し、うち一人が若い命を失った。「すばらしい友をなくしてしまった」と書かれた墓碑銘がある。

以後、三年間、すべての吊り橋を架け替えて再整備した。狭い崖道に一メートルもある鉄棒を九十センチも打ち込んで、鎖で支えている。その整備は一日に三木しか取り付けられなかったという命賭けの労働の結晶だ。

大杉谷のハイライトは、この堂倉沢で、過去と現在をクローズアップさせた。昭和六十年以降は、新しく、粟谷小屋もできたが、秘境の旅情を壊した感じで、味気ない。

4

やがて、道は尾根の上に出た。桃ノ木山の家から四時間。視界にはミズナラの幹が大蛇のような肌をみせて、林立している。ヒメシャラが人工の柱のように並び立ち、絵のようだ、と思っていると、シャクナゲが路傍を飾りはじめた。「石楠花坂」とよばれている尾根である。

大好きなこの花との出会いを喜んでいると、道は緩傾斜となり、もう、大台ヶ原山に着いたのか。平坦になったな、と行く手を見ると、そこは日出ヶ岳の三角点であった。大杉谷のゴール地点だった。

頂は平坦で、道は舗装され、広大な自然公園の中を行くようだ。糸笹が地表を蔽い、大杉谷のフィナーレとしては、整いすぎているが、これが日本の現実だ、という実感も湧いた山旅であった。

翁峠盛衰記

1

「翁峠《おきなとうげ》」という名の山がある。奥羽山脈の一峰である。山なのに、峠とよばれている。不思議だ。どんな翁が住んでいたのか。

そんなことに興味を抱いたのは、大学生時代のことだ。半世紀も前のことである。その山は高さ一〇七五メートル、宮城県と山形県の境にあって、まだ登山の対象ではなかった。蔵王と栗駒山の間にあるが、訪れる人は少なかった。

宮城県側から登ると、中腹に鉄魚が住むという魚取沼があると聞いて、探検的気分で、この神秘な湖まで行ったのは、昭和四十年のことである。しかし、いまでも、この沼から翁峠に登る路はない。南北に緩やかな傾斜を見せる良い山なので、西側の住民は翁に例えたのか、と思ったが、そうではなかった。奈良時代にひとりの翁が住んでいたのである。

この山の西は日本海側、佐渡に流された順徳天皇が、逃れて、最上川を溯って、このあたりまで来たという伝えがある。翁峠の麓には、「天子塚」がある。その由来は今も不明だが、翁峠の南には、地元の人が御所山と名づけた船形山がある。東北大学時代から、このあたりを歩いていた私としては、以前から関心以上の興味を抱いていたが、最近、古文書がある、と聞いて、行ってみたくなったのである。「明光寺盛衰記」というその古文書は、オリジナルではなくて、この山の麓にあった寺の出来事を記録したものであった。聞き書きに近い話もあるらしいが、翁峠への路も登れる、と聞いて、行動に移したのである。奥羽本線の大石田駅から東へ十キロくらいらしい。

2

かつて、この山の麓には明光寺という寺があった。しかし、今は跡形もない。消えたのである。いや、消されたのである。この古文書をひもとくと、そんな知られざる物語が書き記されている。「出羽の国、村山郡に宝寿峰という高山がある。この山の中腹に周囲一里ほどの底の深い湖があった。急流となって流れ出す川の麓に平坦な原があった」という情景描写で始まる盛衰記は、村人に語り伝えられた話をまとめたもので、地元では「口伝」とよばれている。特定の著者はなく、筆で書かれた「筆写本」が六冊あり、その一つを、第十六代の原田伝六が現代語訳したものがある。

翁峠の山麓に住む三浦庸という古老が持っている写本を見せてもらった。そこは明光寺のあった位置より少し手前の、中島という数戸の集落だった。

三浦さんは八十五歳の高齢だったが、戦争後は三年もシベリアに抑留されて、生き延びて帰国した経験をもつだけに、不死身の強さを感じさせ、杖をつきながら、明光寺が建っていたという場所に案内してくれた。

三浦さんの家から二キロほど東の緩傾斜の地形で、五万分の一の地形図をみても、今は地名のない無人の原野である。海抜は三〇〇メートル程度で地表は草原の感だが、三浦さんが、

「この池が明光寺の一角です」

と、指さす眼下の地形から想像すれば、上部の東側は半ば行き止まりで、かつてこの平坦地に、にぎやかな門前町があったのだ、という。「明光寺盛衰記」には「戸沢記」と題した一冊もある。戸沢とは山名である。翁峠は、その昔、翁山とよばれ、こ

の前後に戸沢山、大穴山があり、戸沢三山と称されていた。「宝寿峰」と呼ばれた山が翁山だとすれば、この尾根の一峰で、北の赤倉温泉へ降りる路もあったのである。戸沢といえば、江戸時代には新庄藩である。この山並みは南北の稜線が歩かれていたことがわかる。ここから見ると、北につづく山々である。

ここに明光寺という寺があった。その寺にまつわる話が伝わっているのである。山と信仰にまつわる地元民の喜怒哀楽が、寺を舞台に悲喜こもごもを生んだからである。「一里ばかりの大原あり。この原に京都東山の浪人、曽我明監と申す者あり。庵を結び隠れおりしが」と書かれた最初の主人公は、ひとりの猟師である。当時は宝寿峰とよばれていた山、そこへひとりの猟師として、狩りに入った。

山中で、彼は珍しい白い鹿に出会い、それを追いかけて行くと、庵に住む翁と出会った。「近江の国から来た」というこの翁は「生類をたすけるために」に住んだという。白い鹿の傍らで、大和国春日の大明神から来た、という翁の話を聞けば、「私は大和国春日大明神に仕えた者である」という。奈良時代のことか。「この地方のひとたちは、まだ神儒仏の尊さを知らない。これを教え、獣まで助けるのである」と言って、翁は姿を消してしまった。明監は、それから心を入れ替えた。狩りをやめて、里人たちと宝寿峰へ何度か登った。以後、彼は翁に代わって、神仏の功徳を説き、参詣人をつれて、信仰登山を軌道に乗せた。

翁の威光で見た弥陀、薬師、観音の三仏を明監は「極楽浄土」だ、と語った。そして、ついに明堅寺を建てた。この寺の後身が明光寺である。そして、語り伝えられているのが、「明光寺盛衰記」である。その寺が、門前町とともに、なぜ消えたのか。

3

この付近では、山寺の立石寺《りっしゃくじ》と同じ天台宗だったらしいが、翁山とよばれて、信心深い善男善女が明光寺をにぎわせた。七年のうちに百軒の店が並び、百年たらずで四百軒もの門前町ができ、「花の町」とよばれるほどの町並みとなった。今は単なる草原だが、南屋敷跡、深山権現跡があるという。明光寺の位置も特定できないが、寺の名も「明堅寺」「明見寺」と変わったらしく、明光寺はその最盛期を象徴している。

鎌倉時代か、住み着いたひとりに畳屋源蔵という男がいた。明光寺を建てたのは、その先代だったのか、人柄もよく、三十人も雇って、人の妬みも受けず、人望を集めていた。家業は酒屋だったという説もあるが、この人物が話の「核」である。

信心あつかった畳屋源蔵には可愛い娘がいた。しかし、九歳で夭死してしまった。

後妻の子だったので、寵愛していた女房は嘆き悲しんだ。生き甲斐を失ったことに源蔵も同情したが、死んだ娘に会いたい、と熱望するので、明光寺に行って、冥土にいる娘に会わせてもらおう、ということになった。

しかし、これが裏目に出た。明光寺の別当は何代目かで、悪僧であった。そういう人物が寺に入ったのは、この門前町が儲かっていたので、住み着いたのか。当時の別当は、妖術をつかう才人だった。

夫婦で娘に会わせてほしい、と嘆願すると、地獄で責められている情景を幻出させて見せた。女房が、これは大変、娘を「極楽に行かせてほしい」というと、そうは簡単にいかない、とばかり口上を述べる。「明光寺盛衰記」には、「別当心に笑みを浮かべ、成仏させることならば安からず。死人の科により施物の多少あり。これは追って相談なり」と勿体をつけた。これを受け入れると、別当はまた妖術で娘を冥土から呼び出して、「一重積んでは父恋し、二重積んでは母恋し」と、泣きながら、賽の河原に石を積む姿を見せたあと、「賽の河原の代わりに、千両の黄金をもって塚を築かれよ」と夫婦に命じた。

夫婦はこれにも応じて、明光寺に千両箱を納めると、「娘の成仏は疑いなし。明晩お目にかかろう」ということになった。

別当が指定した場所は、文中に「潟山」とある。どこだろう。おそらく、翁峠の中腹にある沼だろう。明光寺のあったところから二時間も登ると、今でもクルミ平とよばれる平坦地がある。行って見ると、湿地帯だが、当時は「潟」だったのだろう。潟とは海水が入る湖のような水面のことだ。干満の差で広さが変わる。この山上の池を「潟」と表現したのだろう。源蔵の妻は、そこで別当と会った。

別当は、そこで妖術を使って、八葉の蓮華の花の上に舞い遊ぶ娘の姿を幻出させたが、たちまち消え失せてしまった。「あれあれ、娘はあの沼の底に入る。待ちたまえ。母も一緒にゆくべし」と叫び、沼に飛び入らんとするので、さすがの別当もあわてて引き留め、家に連れもどした、とある。

しかし、このショックで、女は二十日間も食事を摂らず、寝込んでしまった。このあたりの描写は、龍神伝説めいているが、二十一日目に、「娘に会いたい一心で、深夜ひそかに潟山に行き、ついに入水してしまった。追いかけて行った家人たちは大風荒れの波立ちに遭い、肝を失い、逃げ帰った」とある。

畳屋源蔵は、女房を失い、信仰にも絶望したのか、世をはかなんで、翁山の登り口にある崖から投身自殺してしまった。「畳石」と呼ばれるこの山上の石は今も、源蔵ゆかりの地として語られていて、見れば数十メートルの高さの岩壁である。そこへ案内してくれた三浦翁は、源蔵が残したという辞世の歌を教えてくれた。

恋い慕う我が身はここに朽ちぬらん
名をば渡さん唐沢の水

五万分の一の地形図にも出ている唐沢川は、この上のクルミ平が水源地で、当時は「潟山」と呼ばれていたのだろう。

4

時は鎌倉時代に入った。みちのくでは、出羽三山の修験道信仰も、人を集めていた。鎌倉幕府も後期になると、禅宗が浸透しはじめ、全国の寺の実情も、注目されはじめた。当時の内政をとりしきっていた北条執権は、第五代の時頼の時代を迎えた。時頼といえば、最明寺入道を名乗って、全国を行脚して、民情をさぐっていた。このときの情景を、「明光寺盛衰記」は、

「出羽の国、戸沢山の別当は、邪法を行い、多くの人民を歎かせ、その上、金銀をか

すめとりしことを、時頼は甚だ憎まれ、翁山の麓につかせたまいて、この別当と対面あそばされる」

とある。そこで見たのは、強力たちに賽銭を運ばせる情景。時頼は信仰の実態を自己体験しよう、と申し出た。「あなたの行かれるところは極楽です」と、別当はその情景を見せたが、「地獄もみせてほしい」と要望すると、それはやめた方がいい、と言ったが、どうしてもみせてほしい、と頼むと、

「波のなかから火の玉飛び出し、草原に燃え移り、そのなかから時頼の御母堂出でたもう」と書かれている。時頼の母は、地獄で五色の鬼から「御身は賢女なりと申せども、さにあらず」といわれて、鬼に髪をちぎられ、鳥獣が群がったかと思うと、たちまち白骨と化した。時頼は「これは奇特なる行法かな」と心の動揺をおさえて、表むきは感心してみせたが、心中、これは許しておけない邪教だと思ったのであろう。

しかし、ここで「勧善懲悪」とならないところがリアルである。七年後、この悪別当は鎌倉へ招かれた。結果は、大勢の役人の前で「神明の天罰なるかな。八丈島へ流され」ということになったのである。

それからどのくらいたったか。人品人柄ともに慕われるような別当が入った。その名も「順徳和尚」とあるところから見ると、順徳天皇の遺香を感じさせるイメージだ

が、この和尚の枕もとに、突然「お助けください」という女の声が響く。聞けば、「私は畳屋源蔵の妻ですが、毒蛇にさせられてからは、五衰三熱の苦しみに泣いております」と訴え、「今の世には親鸞上人という方がいると聞きます。その方に助けてくださるようにお願いします」というので、和尚は行動に移した。

親鸞といえば、浄土真宗を創始した上人だが、何の因果か、越後に流されていた。明光寺の和尚は最上川をくだって、船に乗って会いに行った。和尚の熱意に応えて、親鸞は木彫の仏をくれた。それを拝んでいると、ある夜、源蔵の妻が、それをもらいに来たのである。

これで一件落着かと思うと、そうではなかった。明光寺が栄えていることへの反感は巷にも漂っていたのか、親鸞上人を批判する人物が、寺になぐりこんできた。明光寺は信心をめぐる騒動をこえ、暴力事件と化したか、と世人は噂した。鎌倉幕府はもう黙認できなかった。

臨済宗の五山を持つ北条執権は、時頼の行脚以来、その動きに注目以上の監視の目をむけていたので、足利時代になって、ついに御沙汰がくだった。

「御役人方、色々御詮議あそばされ、無類に繁盛すること不思議なり。このまま差し置くときは、天下の一大事ともならん」ということになり、「門前町は焼き払え」と、いう裁断がくだった。その時の奉行は大倉権之太夫とお目付の脇坂兵衛だった、と「明光寺盛衰記」は明記している。

これは鎌倉時代が終わって、足利時代も七代目の吉勝公の時代で、一四四二年とすれば、時頼の視察からは二〇〇年後のことである。

晴天の霹靂ともいうべき「存在の否定」は、住民を奈落の底に陥れた。さすが幕府も即刻は気の毒だ、と思ったたか、七日間の猶与を与えるとしたが、門前町の動揺は言語に絶した。

「老いたる者は力を落とし、死する者あり。首をくくりて死する者あり」という有様で、「四百軒あまりの町屋一度に火となり、天もかすめと燃え上がる」という表現で、明光寺の門前町は最期を遂げたのである。

閉山後、この山麓に「入山禁止」の高札が立てられた。「盛衰記」は大倉権之太夫の書いた一文を載せて、その日は宝徳二年と記録している。

それから五〇〇年の歳月が流れた。

5

翁山へ登った日のことを語ろう。

門前町の跡は、最初にも書いたように、まったく無人の緩傾斜地で、小さな池が残っているだけであった。中島の集落から一時間ほど歩くと、源蔵が身を投げたという畳石の下に着く。ここから左に折れて、林間地帯に入ると、S字状の路が次第に高まる。曲がり角のあたりに、当時は賽銭を両替する店があった、というから、おそらく、時頼も立ち寄って見ただろう。「ヤタラ坂」とよばれたところがある。屋台《やたい》のことか、地元でも、その発音の変化は不明だ、というが、「マイマイ坂」と呼ばれたところには、神楽を舞わせる祈祷所が三カ所もあった、というのはうなずける。このあたりはブナの林である。

そこを抜けると、視界が明るく開けた。これが、かつては沼だったところか。地図をみると、クルミ平とある。一キロ四方の平坦地である。三方は山にとりまかれた凹地である。ここから翁峠に登る山路がはじまる。この盆地のような中腹は、小さな尾瀬ヶ原を思わせる風景だ。路の左右は湿地帯だ。しかし、ここがおそらく源蔵の妻が、入水した沼であろう。当時は、広い沼だったのだろう。南側の方になにかありそうだ、と思ったが、湿地帯で踏み込めない。残念だ、と思った時、前方に山小屋を発見した。話を聞きたい、と思ったが、無人だった。「翁山小屋」と書かれた看板は新しい感じで、脳裏にある明光寺の故事を、一瞬忘れさせた。

登れば、視界は昔ながらの山肌の暗さになった。かつての翁山、今は翁峠と書かれた山は、一〇七五メートル、クルミ平から三〇〇メートルの登りだ。気がつくと、樹林は針葉樹になっている。これが翁山の自慢するキャラボクの林だ。クリスマスツリーを思わせるこの樹の葉はとがって、刺さると痛そうだ。急坂になり、息切れする登りとなった。

行く手を見ると、少し平らになった。翁山は二等三角点を持った山頂だった。翁はどのあたりに住んでいたのか。白鹿がいたとすれば、もっと奥だろう。大穴山と呼ばれた山はこの先の八七六メートルの三角点だろう。さらに北へこの尾根をたどると、山刀伐《なたぎり》峠に着く。ここは芭蕉が「奥の細道」の旅で越えている。

「明光寺盛衰記」は奈良時代から足利時代までに及んでいる。芭蕉も知らなかったろう、と想いながら、山麓を見下ろした。

安房峠への哀惜

1

日本の峠がまたひとつ、トンネルで貫かれた。二十世紀末のことである。そこは本州の中央部、東日本と西日本の接点というべきアルプスの稜線である。安房峠という名は、房総半島の南部の安房と同じ字を書くのに、アボウと発音するので、イメージがよくない。上高地に近い位置なのに、名前で損をしている。そんな同情を寄せながら、私は青春時代から、この峠を見てきた。信州と飛騨の境、穂高岳と乗鞍岳の間、松本と飛騨高山を結ぶ峠。ここは古代から最近まで、人の通行を阻む自然の障壁だった。

日本アルプスを東西に結ぶ道は、乗鞍の南の野麦峠の方が歩きやすく、安房峠はすぐ北に活火山の焼岳があるので、旅人には敬遠されていた。

江戸時代以前は、上高地の手前から奥飛驒へ入る中尾峠が鎌倉街道とよばれて、東西の分水嶺を越える山路になっていたが、戦国時代末期に焼岳が噴火したので、安房峠が開かれた。その峠の真下にトンネルができたのだ。一九九七年のことである。

松本から高山行きのバスは、それまで、この県境の峠を越えていた。標高一八一二メートル。この峠の入り口にある中の湯を見上げると、私の記憶は青春時代をよみがえらせる。峠の向こうには平湯がある。中学三年の時、早くも、私はアルプス登山をして、平湯へ泊まったことがある。この時のコースは、上高地から槍ヶ岳に登って、双六岳、笠ヶ岳と縦走して、平湯に降りた。平湯は飛驒側の温泉で、街道沿いに人家もある。平湯は、このトンネルの開通をよろこんでいるだろうか。

飛驒側の今昔を書きたいと思って、じつは去年も平湯を訪れた。この時は、安房峠を越えた飛驒側で、途中下車して、下りの道を歩いてみた。そのとき知った、この峠のエピソードがある。

この峠の「詩と真実」を浮き彫りにするような遭難事件である。大正末期のことだ。平湯では「飛驒聖人」と呼ばれていた人物の、不慮の旅中死である。初冬の 日、予期しない豪雪に襲われて、若い命を失ったのだ。享年三十五歳。名は篠原無然。本名は禄次。教育者というべき存在。生まれは兵庫県。早大を出て、若くして、期待されていた逸材だった。平湯の小学校の教員をしていたが、アメリカへ行き、目を啓《ひら》き、男女共学を提唱し、その人柄は支持者を増やし、全国的な活躍を始めていた。三十すぎてからは、各地へ講演にも出かけていた。

その日も、東京から平湯へ戻る途上だつた。

前夜は白骨温泉に泊まった。すでに何度も歩いている道である。晩秋というべき十一月十四日だった。しかし、この年の新雪は異常に早かった。平湯へ行くには、峠より低い中腹を行く道があったので、中の湯から登るより楽だった。峠は越えたが、降り始めた雪は密度を増した。西北からの雪だった。すでに、飛騨側には、かなり積もっていた。

二日前から降っていた雪に加えて、視界はさえぎられ、峠を越えてからは吹雪になった。その名も「無然」と号した篠原禄次にとっては、「無念」というべき状況に置かれたのである。

平湯まであと二キロという所まで来て、倒れてしまった。その地点で、先年、私が見た記念碑は、肖像を彫った立派な石碑で、碑文には、「飛騨聖人」の尊称が書かれていた。私が歩いて越えた日は、北の空に笠ヶ岳がすっきり見える晴れた日だった。

平湯に着いたと思った瞬間、訪れる人を迎えるように建っている「無然記念館」を発見した。これは、彼の人徳を慕って保存されている旧居であった。

2

平湯のシンボルのように、その入り口を飾っていた「無然記念館」は健在か、とあらためて訪れたのは、安房峠の地底にトンネルができたからである。この峠は、長野と岐阜の県境なので、地元にとっては長い間の願望であった。

バスがはじめて安房峠を越えたのは昭和十三年。この峠は信州側の中の湯からの登りが急坂で、ヘアピンカーブが十六もあった。峠を越えると、飛騨側は半ば平坦地となり、美しい湿原地帯があったが、降りてみる人はほとんどいなかった。しかし、ここは安房平と呼ばれる凹地で、秘められた山上の別天地だった。

平湯で聞けば、二十年かけてつくったトンネルは、長さは四キロ。バスは軽々と抜けたが、この地中では、語られざる建設中のエピソードがあった。

山上の安房平の湿原の水が、工事中、トンネルの天井から落下したのである。トンネルの高さは一三五〇メートル、安房平は一四〇〇メートルならば、頭上の厚さが薄いことは、事前に想定できたことだろう。このために工事は遅れた。しかし、大自然への挑戦と開削には、さらに報復があった。平湯への飲料水として湧いていた天与の水が枯渇してしまったのである。

聞けば、トンネルの上部にあった湿原の水は、それまで伏流水となって平湯の北にある白谷で地表に現れて、恵みを与え、地元の人々は天与の地形に感謝しながら生活してきたのである。

「自慢の良い水でした」

と平湯の郵便局長は言った。そんな災難をこうむった地元の人を意識してか、トンネルを抜けると、車道は西に向かい、平湯に直行していなかった。直線に飛騨高山に向かっている。新道ができてから、篠原無念の記念館も、どこへいったか、と旧道へ戻りながら探すような位置になってしまった。安房峠を何度か越えた彼が聞いたら、何と言うだろう。

篠原記念館は健在だった。小さい小屋だが、彼の記録だけでなく、トンネル工事の経緯も展示してほしい、と思った。

3

水の不足から、新たに水源地をつくることになった、と聞いて、あらためて地図をひろげてみたとき、安房峠のすぐ北に発見したアカンダナという山の名に、興味を抱いた。この発音に、大阪弁に似た比喩的表現を感じた。

「トンネルを掘ったのはあかんなあ」

と、この山は不満を感じているか、という連想が湧いた。そして、山名の詮索をしたくなった。

アカンといえば、北海道の地名だ。アイヌ語か。アイヌ語といえば、本州でも、海に近いところにはある。北陸の庄川の奥にある五箇山に、マルツンボリという名の山がある。アカンダナもマルツンボリも、五万分の一の地形図に表記されている。しかし、本州の中央部で、カタカナの山は珍しい。

地元の人は言った。

「アカンとは赤ですよ。棚は山の中腹の平らになった地形のことです」

そう言われて、東の空に目を向けると、たしかに、飛驒側の中腹に平坦地がありそうだ。安房平に似ている。この山は二一〇九メートル。四キロ北には焼岳が噴煙を吐いている。しかし、安房峠からはわずか一キロの近さ。トンネルの「水抜け」事故にどんな気持ちをもっているか、聞いてみたくなった。しかし、このアカンダナは昔も今も無人の山腹。山は語らず、アボウもアカンもアがつくので、興味が湧くが、安房峠の地名考は、古文献をたどるしかない。

アボウの発音は、「日本三代実録」に出ている。貞観十五年(八七三)二月二十八日の記録として、「飛騨国大野郡の愛宝山に紫雲が見えた」とある。この愛宝はアボウと読む。愛宕をアタゴと発音するように、アボウに後世「安房」の字を充てたのだ。紫雲とはなにか。この自然現象を朝廷に知らせた、とある。

紫雲とは火山の噴火かもしれない。「続日本紀《しょくにほんぎ》」には、これより百年前、七七八年の記録として、この山に慶雲が現れたと書いてある。慶雲といえば、噴雲ではなさそうだ。これは南にそびえる乗鞍岳かもしれない。乗鞍岳は三千メートルを超す火山である。山頂に八つの池があり、「八大竜王」と呼ばれていた伝説もあり、これは八つの火口から吹き出た溶岩かもしれない。この山は、昔から飛騨側から登られているので、焼岳ではなさそうだ。こうした記録は想像するしかないが、このあたりの山々は、歴史よりも登山対象として評価され、住民も少ないので、古文献に乏しい。しかし、焼岳は今も噴火をつづけ、地中の活動は不穏の高まりをみせている。
平湯で一夜を明かして、眼前のアカンダナを見上げたとき、新たな感慨が湧いた。
「焼岳よ、安房峠を恨むな。平湯の人々の気持ちを察してくれ」と私は祈った。

忘れられた御斎所街道

「齋所《さいしょ》」とは「心身を浄めて、神仏に祈る」所である。といえば、この名を冠した御齋所街道は、伊勢か、大和の国か、と想像するだろうが、意外なことに、みちのくの入り口にある。それも太平洋岸からはじまり、阿武隈山地を横切る道である。

今は、いわき市の西、湯本から奥州街道を結ぶ山間の道。街道沿いに御齋所山があったが、急な山肌で登れない。少し戻って、天ノ川というところから入る道を登ると、山頂には、意外なことに、熊野神社があった。熊野といえば、紀州だから、海から入った信仰であろう。熊野神社は、この山の下を流れる鮫川の河口にもある。

しかし、麓で聞くと、ここは坂上田村麻呂ゆかりの地だ、という。となると、平安時代を想い浮かべる。田村麻呂といえば、福島県中央部には、今も「田村郡」という地域名がある。東北本線の郡山の東側だが、この地域には、田村麻呂の子孫が住み着いている。桓武天皇の命で、征夷大将軍として陸奥へ派遣され、今の岩手県下まで行っている。八〇〇年頃のことである。

生まれは大和の国らしいが、奥州街道の南北を往復しているので、子孫がこの沿道に住み着いたことはうなずける。十七人もいた息子のうち、坂上浄野が若くして陸奥ノ守になり、「奥州田村」の先祖だといわれている。

しかし、田村麻呂とこの街道との関係は、わからない。それより、この街道にそって流れる鮫川という川の伝えの方が、ゆかり話を残していた。

この川は、勿来《なこそ》の関の北、植田で太平洋に出ているが、かつては泉藩下の地。その殿様が、鮫に食われたという伝えがある。しかし、川に鮫がいたはずはないので、さかのぼったのか。聞けば、当時は河口にある菊多浜で塩をつくっていたのである。殿様も視察したか。この塩が、御齋所街道を通って、会津の方まで運ばれていたのである。来てみてわかったことは、この街道は「塩の道」であった。

御齋所山の麓から一時間ほど歩くと、鮫川は狭い谷間となり、人家もほとんどない細々とした道になるが、そこに貝屋という地名があった。菊多浜からは二十キロもさかのぼったと思われるのに、「貝」のつく地名に、疑問を投げかければ、

「カイとは峡のことですよ」

と、見事に、不明を指摘された。「塩の道」なら、当然、海産物も運ばれていたの

である。数戸しかない石住という集落には、道祖神と馬頭観音がまとめて置かれていた。

「昔はこのあたりが難所でした」

と言ったのは、水沼の人だった。ここで鮫川が直角に曲がっているので、増水すれば、狭い谷間はたちまち水があふれるので、この地名がつけられたのだろう。江戸時代、雨期はこの崖下の道は避けて、北側の尾根道を通ったのである。遭難者も多かったことを示すように、供養塔があった。

「あれが赤観音です」

と、教えてくれたのは、薄木の人であった。街道の北に頭上を圧するように直立した岩壁があった。高さ十メートルほどの露岩に、なにか彫られている。双眼鏡でのぞくと、彫りは浅いが、馬頭観音のようである。街道で事故に遭った馬の供養のために、最初は赤く塗ってあった磨崖仏で、「赤観音」と呼ばれて、こんにちにいたっている。明和四年、小名浜の石工利三郎刻という銘がある。この人も、海辺から来ている。熊野信仰と同じコースである。

鮫川に沿う道は、阿武隈山脈の中央部で、小さな宿場町をつくっている。今は古殿と書き、「ふるどの」と読ませているが、竹貫といった方が、知る人が多い。ここで、海からの産物と山からのものが、「物々交換」されたのである。「市神様」という古跡が、その昔を物語っていた。見れば、一個の石碑だが、最初は板碑で、「元應元年（一三一九）巳未十月十六日　建立」という日付がある。鎌倉時代から、この街道はにぎわっていたことがわかる。ここは小さな凹地だが、南に日差しを遮る山があるので、見上げていると、

「鎌倉山です」

という。鎌倉時代から、ここで「市」が開かれていたのか、と思わせる山名だった。街道沿いには荷付場という地名もあった。塩の採れる太平洋岸から三十キロ、この先、奥州街道の須賀川までも三十キロ、御齋所街道のちょうど中間点である。ここは鮫川の上流である。鮫川村という地名は、この南の奥にあり、その源流まで行けば、太平洋岸に戻れる、と聞いて、新たな探訪欲が湧いた。

帰りの道は、御齋所街道の南に、ほぼ並行している間道であった。この日は、知人のクルマに乗せてもらっていたから、ドライブマップを見ると、七一号線である。

御齋所山の南側にあたると思われる地点に、貝泊という地名があった。貝屋と対になっているようで、海からの道があることを示している。小学校があるので、聞けば、この下流は、荷路夫川ですよ、という。ニジブと発音している。「荷路夫」とは、塩

を運んでいた人たちのことだろう、と想像したが、まさに、そうで、
「タビトに出られます」
という。タビトとは旅人のことか。地図を見ると、「田人」とある。水田をつくる人のことか。しかし、すぐ西に「旅人」という地名がある。これには、感動した。私が求めていた地名だ。こんな地名が現実に存在していたのだ。

私は「旅人」の一人である、と自負して生きてきた。「旅」という雑誌を二十年以上も編集した。今も、こうして「旅人」として歩いている。その私が、「旅人」という地名をはじめて発見したうれしさ。

このあたりは、現在、いわき市の西奥である。田人小学校から分かれ道に入った。ここが旅人というところ。今は田人町の一隅である。

「宿屋前」という地名がある。

宿屋が今でもあるのか、と期待したが、

「シュクヤと読むんです」

と教えられて、また、先入観的知識を反省した。

「田人町旅人」は「タビトチョウ　タビウド」と読む。そして現実に存在した。これは私のために、地図が教えてくれた天与の旅先だ、と感謝した。七一号線は荷路夫川

に沿って下ってゆき、「いわき勿来」のインターチェンジで常磐自動車道に入った。
御斎所街道は、私に「旅人は消えず」という実感を持たせてくれた旅路であった。

安曇野の水路秘話

1

寄れや寄てこい　安曇の踊り
田から畑から野山から

これは安曇節の「歌い出し」である。六十年前、松本に住んで、はじめて聞いて以来、ときどき口ずさむ。同じ信州でも、木曾節や追分節ほど有名ではないが、アルプス登山をする人たちは、よく知っている。ここに歌われている「田」とは、どの辺りのことか。田といえば水田だ。安曇野といえば、今は水田のように思えるが、松本西方の一帯は、意外なことに、江戸時代までは、水が引けなかった。

東端には、犀川という大河が流れている。明科では、高瀬川と梓川が合流している。アルプスを歩く山の強力《ごうりき》たちが歌った安曇節の一節には、

槍で別れた　高瀬と梓
めぐり逢うのは　押野崎

という歌詞もあった。

槍ヶ岳から北へ流れる高瀬川が、南に流れる梓川と合流するのは、松本から十三キロも北の地点である。ここはワサビ畑で有名な遊水池である。といえば、すぐ南の一帯に、水田ができなかった、とは信じがたいが、これは上高地から流れてくる梓川の支流が、松本の手前で、地下にもぐってしまうからである。今は「フルーツ街道」と呼ばれているが、豊科の一帯は、一見、扇状地のようで、川は伏流水となって、地表は乾いていた。地元の農民としては、何とか水田にしたかった。「波田《はた》」と呼ばれる松本の西一帯も、名に反して、「畑」のイメージだった。この梓川北岸一帯に「水」を入れた苦労話は、語るに値するエピソードである。

「米が実ったのは、拾ヶ堰のおかげさ」と地元の人は言った。「堰」とは「水路」の

ことである。これができたのは、江戸末期のことである。十の村に引水が実現できたのは、大地と取り組んだ村人たちの知恵と努力の結果だ。「川」と「川」を十字に平面交差させて、水を横切らせたのである。当時、不可能と思われていたこのアイデアの実現は特筆すべきだ。結果として、松本の西北にある十の村が、堰の恩恵を受けたので、「十村水路」といった方がわかりやすいが、今もなお、「拾」と書き、「堰」と呼んでいるのは、信州らしい剛直さである。豊科付近は、今年も実りの秋を見せている。

ワサビ畑や白馬山麓に直行してしまう人は見逃しているが、この水路は長さ十五キロもある。この工事は、幕末の一八一五年から始められた。まだ、上流にダムなどを造る技術はなかった。十の村人たちが掘ってつくった水路である。悲願を懸けた水路である。「悲願」といったのは、どこから水を引くか、掘っても、うまく水が流れるか、礫層地ゆえの難しさがあった。ほとんど勾配もないからである。この辺りの地表は、当時松本平と呼ばれ、一見平坦地である。

二十一世紀になって、この水路にそって、サイクリング道路ができた。穂高町で自転車を借りて、「拾ヶ堰」の水路沿いを走ると、一見単なる灌漑用水のように見えるが、この水の流れる方向が、ちょっとわからない。

よく見ると、水路は南から北へ流れている。しかし、江戸時代には、その高低差がわからなかったのだ。「水よ、流れてくだされ」と祈るような気持で水路を掘ったのである。発案者は、穂高町の庄屋の息子、等々力孫一郎。測量は中島輪兵衛。その熱意に応えた協力者は、成功すれば、稲が実ることを期待した。南は豊科から北は穂高町の地域。現在の五万分の一の地形図を見ても、松本の西を通る高速道路の直下あたりは標高五七〇メートル、豊科町の西にあたる下堀あたりは五六八メートルで、十キロの間、わずか二メートルしか高低差がない。

しかし、地元民としては、アルプス側に近い上堀まで水を引きたかった。となると、水は高い所から低い所に流れるものだから、当時、「そりゃ、不可能だ」という声があがった。しかし、今見る「拾ヶ堰」は上堀の地点を通っている。しかも、ここで水路は直角に曲がっている。この水路つくりは奇跡に近い見事さだ。取り入れ口から排水地点まで、十五キロのほぼ中間で直角に曲がり、等高線沿いではなく、より高い地点まで引水されている。

この水路の流れは、野球場に例えてみると、理解できる。ホームベースは、明科に近いワサビ畑。一塁は穂高町の北の富田橋。二塁は堀金村役場の前。三塁は南の梓川付近。しかし、見れば、「水」は野球の走者とは逆方向に流れている。

野球場ならば、一塁、二塁、三塁の高さが同じなのは理想的だが、「走者」というべき水は、平坦地では流れない。しかし、それを実現させようとした等々力さんは、ある夜、現場を回っていた時、反対派の者から突然襲われて、傷を負い、歩行困難になった。

こんな状況から、地元の松本藩の役人も、半ば不可能だろうと、批判的だったが、水田開発を待望する十の村の人々の熱意が勝った。請願から二十年、等々力村の庄屋だった白沢民右衛門が出資するというので、藩でも三〇〇両の補助金を出すことになり、念願の横堀水路に命運を賭ける工事が始まったのである。文化十二年、一八一五暮れのことである。幅は六間、深さは四尺とし、十の村から駆り出された人力は、延べ五万三〇〇〇人、一日平均四〇〇メートル目標に掘り続けた。

着工から四ヵ月で完成させた。田植え前の旧三月のことだった。今も、滔々と流れる水を見るとき、水路完成に驚喜した村人たちの表情が想い浮かぶ。明治時代になってからは、自由民権家だった松沢求策が「堰守」の役を引き受けて、以後、毎年、米が実ったのである。

2

当時は不可能といわれた水路の誕生。

地元での苦労話は語り伝えられている。手づくりの測量用水準器で、歩いて測ったわずかな高低差。夜は提灯を灯して、直進する光の高さから計算した。常念岳の雪解け水を流す北の烏川の水面よりも、南の梓川の方がちょっと高い、と判定した測量力が成功に導いたのだ。

梓川の水は、島々から安曇野に入ると、地下に潜ってしまうので、水量が足りない。貯水池に代わる水源は奈良井川がいい、ということになった。そこで、考えたのが、梓川の右岸から左岸へ、奈良井川の水を横断させる仕掛けである。

川を交差させるアイデアはユニークだった。梓川の流れを押さえるために、細長い俵のなかに石を積めて並べた。上流からの水を堰き止めるために、竹を組み合わせた枠のなかに入れて固定させ、南東から引き入れた奈良井川の水を横切らせた。その川幅は三〇〇メートル。梓川の水量が弱ければ川は交差して流れる、と期待した。奈良井川は安曇野の南、木曽から流れ出る大河、この水を松本の町の西端から引き込む。

この川は、四キロ北で、梓川に合流しているから、その手前で、川底を通す仕掛けをつくったのである。この前人未踏の発想が成功して、水は奈良井川から十キロ西の堀金村まで流れたのである。

二十一世紀になって訪れてみると、かつては川と川を交差させるのに苦労した経緯が偲ばれる。松本の西北、島内の新橋から「拾ヶ堰」は滔々とした水の流れを見せている。梓川の川底を交差させる地点を見ると、その後、改良されて、画期的な仕掛けができていた。大正時代に、地元の学者たちが知恵を出して、サイフォンの原理を応用して、梓川の川底に水管を通すことに成功した。二十一世紀を迎えたので、水管を新たにして、今は、さらに十メートル深い川底に、直径二・八メートル、長さ四〇〇メートルの頑丈なサイフォンが通っている。

ここから四キロ下流の、豊科に「拾ヶ堰橋」があり、水路は堀金小学校の前を流れて、北へ向かう。ここで知るのは、万水川という川の実態だ。この川は、地下に潜っているのか、四キロほど北で、見事な湧水地となるのである。戦後は、そこに「大王わさび農場」ができた。ここで犀川と穂高川が合流している。拾ヶ堰はどこへ行ってしまったのか、と地図を見ると、堀金から真っ直ぐに北へ流れて、烏川に入っているのである。

この間を歩いて歩いて知った事実は、地元での実感であった。堀金の北にある扇町で聞けば、安曇節にこう歌われている。

ここは下堀　気楽に寝るが
扇町では夜水引く

拾ヶ堰は下堀の南北を通っているが、扇町は西側で、少し高いので、水が流れてこない。しかし、ここにも、その後、新堀堤がつくられ、水田ができている。二十世紀後半からは、リンゴ畑もひろがっている。このアルプス山麓ともいうべき扇状地にも、今は野菜や果物が実り、その名も「サラダ街道」と名づけて、話題になっている。

知られざる熊野路

紀伊半島を一周するレールがある。本州の中央部で南に大きく突き出ている地形である。そこを走る列車に乗れば、海がつねに窓外に見えそうに思えるが、先年、名古屋から特急に乗って、新宮《しんぐう》に近づいたとき、偶然となりに座っていたサラリーマンは言った。

「長島からは、ほとんど海が見えませんね」

それは私にとっても実感だった。紀勢本線と呼ばれる伊勢と紀州を結ぶレールは、熊野灘に沿いはじめると、トンネルの連続なのである。彼は出張で名古屋と大阪の間を新幹線でよく往復しているらしいが、たまに黒潮の流れる海を見たいので、わざわざ乗ったらしい。しかし、残念ながら、尾鷲《おわせ》と熊野市の間は駅のホームだけがトンネルから「顔」を出している感じである。

地図好きな私は、以前から、この車窓から見えない海岸線をひとつひとつ訪れてみたかった。地理的には、三重県の南域の八駅間である。九鬼、三木里、賀田、二木島、新鹿、波田須、大泊、熊野市という区間である。この間は、典型的なリアス式海岸なので、小船を出して、海上から見るしかないか、と想いながら、入江の奥にひそむ孤独そうな駅に降りたってみた。

1

出発点は熊野市の駅であった。

ここは昭和二十年代までは、木の本と呼ばれていた。昭和三十四年までは、大阪から南紀を経由する列車の終着駅であった。東の伊勢側から敷かれたレールは尾鷲までで、この先は起伏の多い地形で、バスに乗り換えた。昭和三十年頃、私は木の本まで来たことがある。

木の本と尾鷲の間は今でも秘境である。当時、二木島《にぎしま》あたりの女性は頭の上に生活物資を乗せて急な山路を登り降りしていると聞いた。そんな生活をしているなら、さぞすらりとした姿だろうと想像するだけで、今日まで三十年の歳月が流れた。その後、二、三度、紀勢本線に乗ったことはあるが、特急の停止しない熊野沿いの数駅は降りたくても降りられない欲求不満のまま、こんにちにいたった。そこで改めてこの入り江の数々を探る旅に出たのである。

紀勢本線が全通したのは昭和三十四年の七月のことである。当時、「旅」の編集長をしていた私は、東京から南紀への新しいルートの出現に特集号を企画した。尾鷲と木の本を結ぶ矢ノ川《やのこ》峠には国鉄バスが走っていた。それが廃止される日の「名残の最終便」を記事にしたことが昨日のことのようによみがえる。来てみれば、国道24号線は峠の下をトンネルで抜けた。「もう歩く人はいませんね」と言われて、まず二木島という漁村を目指した。

ここは紀州側の北端である。今は熊野市である。しかし、この地の頭上運搬の生活は昔語りとなり、変わらないのは青く澄んだ海面から急斜面の山肌を見せる岬の地形であった。

「十時半から大きな鯛がたくさん陸揚げされますよ」

というので、駅のすぐ下にある船着場へ行ってみると、赤味を帯びた数十センチの大きな鯛が水際で躍っている。太平洋の潮が入るV字形の入り江に浮かべた生け簀で、三年近く育てたものである。一度に二、三〇〇〇尾がトラックに積まれて、東京の築地へ運ばれる。

二木島にかぎらず、こうした養殖魚は商品価値のあるものが選ばれるので、時代とともに魚も変わる。一時はハマチの養殖が全国的にブームだったが、ここでは鯛に切り替えて久しい。

「五、六月は何がとれますか」

と聞けば、この入り江の出口に仕掛けた定置網に入る魚はカツオ、シイラ、アジ、そしてアオリと呼ばれるイカである。黒潮に乗ってやってくる熊野灘ならではの海の幸、とくにアオリイカは藻のなかに産卵するせいか、刺身にすると美味である。高価なイカである。

熊野市には四つのリアス式の入り江がある。「浦」とよんでいるが、二木島の浦はとくに急に底が深い。船着き場から三キロほどで太平洋に出るが、そのあたりは水深七〇メートル。そこに壮大で美しい柱状節理を見せる絶壁がある。楯ヶ崎と呼ばれている地の果ての岬は歩いては行けない。熊野市では、手近に見られる鬼ヶ城や獅子岩があるので、楯ヶ崎は永遠の秘境だろう。太平洋岸の柱状節理は珍しいだけでなく、見れば、海鳥の糞で汚されていないこと、独特な茶褐色は太古からの歴史を感じさせて、希少価値である。海鳥も留まることができそうもない直立一〇〇メートルもある絶壁は海上から見ると圧倒的である。

絶壁の背後には照葉樹林が育っている。ウバメガシである。その密生ぶりも人間を寄せ付けないせいか原始的である。ここは巨岩の島が、本州にぶつかってできたのか、と思わせる岬である。玄武岩の柱状節理の岸壁は、日本海岸には多いが、太平洋岸では希少価値である。ここは陸地伝いには行けない。

2

このあたりは、かつては伊勢の国の南端、志摩半島から続くリアス式海岸の連続で、入り江に住む人は少なく、志摩半島を根城にした水軍が海上を支配していた。その名は九鬼《くき》を名乗る一族。九鬼の地名は今も尾鷲の南隣にあり、九鬼氏発祥の地である。九鬼は駅名になっている。この二木島も、二鬼島とも書き、「鬼」は「キ」と発音する。

海賊が鬼と呼ばれた昔を偲びながら、隣の駅まで峠を越えようとしたら、行く手を阻むような障碍物を見た。行く手の山側は蜜柑畑であった。聞けば、それは「イノガキ」だ、という。一瞬わからなかったが、猪の来るのを防ぐためにつくられた自衛的な石垣であった。

駅から十五分ほど歩いた山肌で、小さな「万里の長城」のように現れた石垣は、熊野灘を荒らした三鬼水軍と、さして変わらぬ時代から、猪が住民を襲っていたからだ。夏蜜柑畑の一隅に、「寛保元歳酉三月上旬より戊二月迄築立之也」と書かれた碑があった。これは一七四一年から二年にかけてである。吉宗の時代である。猪の害は今もつづいている。地元の西谷さんは、猪には負けぬ背の張り方で、

「そこにあるのが猪を捕る落とし穴です」

と、この地の女性が伝統的に続けてきた頭上運搬の姿勢を思わせる姿で教えてくれた。

「猪は今でも里に下りてきてね、夏蜜柑を食べちゃうんで困るよ」

と嘆いたが、

「十一月頃になると、猟が解禁になることを知ってか、来なくなってね」

と笑って、山肌を見上げた。猪垣はこの海岸線の集落ごとにつくられ、一メートルほどの高さで、延々と山中に横たわっているのである。二木島には、地元の人も見逃がしている遺跡があった。駅の眼下に見下ろせる斜面の山肌に立てられた、隠れキリシタン灯籠である。かつての熊野街道がここにあったことを示している。高さは一メートル足らず、灯籠の竿だけが残ったように見え、一見、墓のようである。しかし、

そこに彫られた像はまさしくマリアの姿で、胸に乳児を抱いているように見える。

ここに案内してくれた熊野市役所の野口さんは、

「江戸初期のものらしいです」

と言ったが、あとで「熊野市史」を読むと、明治時代になってから、長崎の隠れキリシタンたちが連れて来られたらしい。

この二木島のある入り江はL字形に曲がっている。知られざる熊野灘の秘境は、北の三鬼、九鬼よりも南にある、と聞いて、南隣の新鹿《あたしか》を目指した。知られざる話は、熊野川沿いの街道よりも、この海辺の方にあり、と知ったからで、一駅だから歩いて峠を越えることにした。地図を見ると、「逢神坂」とあるので、どんな神に逢えるのか、と期待をもたせたが、「オオカミ」坂と読むと聞いて、これは狼のいた峠か、と思った連想は当たっていた。

「雨の多い地帯ですから、大台ヶ原からこの海辺までの地帯は餌が豊富だったんです。狼がたくさんいたんですよ」

と語ってくれたのは、地元生まれの画家、岡本実さんであった。明治三十七年には絶滅したといわれる狼だが、語り伝えは多い。

「追いつかれたら、飛びつかれても助かるように、決死の覚悟でフンドシをぬいで、うしろに垂らして、黙って逃げ足を速めたということです。もし家まで追いかけてきたら、小さな皿の上に塩を盛って、入り口に置くんです。狼は塩が大好物なので、ペロペロ舐めて、そのたびに喜んで一回りする。何回かまわって、満足すると、帰ってくれるんです」

そして、帰ってゆく時、「ホーホー」という声をだす。じつに臨場感のある語り口であった。

その狼坂、今は逢神坂と書く峠は廃道と化し、南隣の入り江に行くには、海辺にある遊木という漁村を通る。ここが良かった。山から伐りだした木材が、海に浮かんでいるようなイメージを持たせたが、西にひらけた入り江は、四キロ四方もあり、対岸は見事な海水浴場のようであった。そこにある駅は、新鹿を「アタシカ」と読むので、鹿がいるのか、と聞けば、この遊木という漁村は海の幸の豊富さを誇っていた。

「この入り江には定置網があるので、いろんな魚がとれますよ」

と言って、ここでの一夜を楽しませてくれたのは、「大吉」という民宿の主人であった。みずからも、魚を獲るので、食堂には六十センチの石鯛と五十センチのチヌの魚拓が貼ってある。その夜は、東日本では聞けない魚の知識を得た。

チヌという聞き慣れない魚は黒鯛のことで、クロダイといえば、海釣りの人気魚で、餌、仕掛け、釣り方を誇るだけに、魚拓話も盛り上がった。食卓にはグレが出た。これも聞き慣れない魚だが、メジナのことだという。じつに美味だった。夜明けに群れをなして泳ぐので、これも釣り師に人気があるという。

「初夏はシイラの刺身も旨いですよ」

という。これも聞き慣れない魚だが、熱帯魚に近いので、この辺りでは海に浮かぶ木材や船のへりに集まるらしい。

ここは黒潮に乗ってくる魚の宝庫だった。知られざる遊木は、泊まるに値した。

3

遊木から新鹿の駅までは四キロと聞いて、歩きはじめると、「日本一の海水浴場」と書かれた看板が立っている。新鹿という地名だけあって、駅も新しい感じで、海を見ると、船がいない。ここは漁村ではないのだ。夏も泳ぐには申し分のない静かさだ。それで日本一という評価がうなずけた。駅の手前の弓型に延びた砂浜は白砂の渚。歩きながら、砂をひろって掌に乗せてみると、快い感触だ。駅にたどりついて、聞けば、昨日見た東の楯ヶ崎への船は、この新鹿の駅の南から出ている。

さて、ここからまた南へ一駅、次の入り江には波田須《はだす》である。この駅は、誰も降りそうもないが、聞けば徐福という古代の異邦人が海から上陸した入り江である。徐福といえば、西暦前の人物。中国は秦の始皇帝が派遣した日本探検家というべき存在。来日した目的は、始皇帝が求めた不老長寿の薬を探すためだったという。一人ではなく、数千人とともに、このあたりに上陸したといわれている。「徐福伝説」は今も南紀では語られ、彼の墓を私は新宮で見た。しかし、墓はほかにもあり、この波田須にもある、と地元の人は言った。

駅から五〇〇メートルほど東の汀《なぎさ》を見ると、このあたりに上陸したのかと思われる岩畳が見える。

「降りて行けますか」

と蜜柑の手入れをしている農婦に聞くと、墓はここではなく、矢賀という集落の一隅にある、という。行ってみると、墓には明治四十年という刻字がある。徐福自身ではなく、後世のものだ。

その傍らに植えられた植物は、

「これが天台烏薬という薬草ですよ」

と地元の人が教えてくれた。

墓を囲んで垣根代わりに一メートル足らずの葉を伸ばしていた。遠くから見ると、茶に似て、色は薄茶色で葉も柔らかく、楕円形である。

「根を食べるんです」

漢方薬として珍重されているクスノキ科の植物だという。ここでは徐福を慕う地元民が今も積極的に栽培しているというが、視界は、夏蜜柑の目立つ段々畑だった。

しかし、この静かさは、徐福の時代を偲ばせた。この波須田には港らしいものはない。船の姿もない。それはリアス式海岸ゆえの地形が運命づけた感がある。というのも、この隣の大泊《おおどまり》という海辺は、海水浴場としてにぎわっているからである。

熊野灘の入り江の魅力も、ここで終わりである。大泊まで来ると、鬼ヶ城の岩景が観光地化しているからだ。これから先の紀州の海岸は、今までのリアス式とは正反対の、一直線の汀に変わるからだ。熊野市から新宮までは、七里御浜と呼ばれる二十キロの海岸線である。

熊野灘の魅力は、リアス式海岸にひそんでいる、とあらためて知った私は、このあと、伊勢寄りの入り江を目指した。

4

熊野灘は黒潮を乗せて、志摩半島へ押し寄せている。ここにもリアス式海岸が太平洋岸を飾っている。かつての伊勢の国側にも、細かく入り込んだ入り江が、一〇〇キロもつづいている。東端の英虞《あご》湾は観光地化しているが、伊勢神宮の裏ともいうべき位置にある贄湾ともなると、読めない人が多かろう。伊勢の勢に似た字の下に「貝」がついている。「ニエ」と読むが、これは神や朝廷に捧げる魚のことである。それは鯛だ、と聞くと、伊勢神宮から南下したくなった。

伊勢市を出たバスは、一時間ほどで能見坂峠を越えた。贄湾は真南から太平洋の暖流を引き込む大きな入り江である。しかし、峠を降りた海辺は星形の入り江に囲まれ、沖からは見えない位置に、隠れ里のような人家が並んでいた。

ここにしかない知られざる歴史を知りたいなら、八幡神社へ、と言われて、行ってみると、「八竈」があった。「ヤガマ」と聞いた時は、なにかと思ったが、「八つの釜」であった。

「平家の落人がつくっていたものです」

塩を焼くために考え出した独特な釜であった。ここに逃げ込んだのは、平維盛の子孫。維盛といえば、木曾義仲に負けて、敗北感から世を儚んで、熊野の海で入水したといわれる悲劇の武将。その維盛の妾腹の子が吉野川源流の河合にひそみ、岸上行弘と名乗っていたという。その三代目の平行盛が晩年になって、この近くの船越に上陸した、と伝えられているのである。

贄湾も、この最奥というべき入り江のほとりに住み着こうとしたが、受け入れられず、すでにいた地元民のように漁はできず、生きるために塩をつくったのである。今でも、竈の人たちには漁業権がない。他地にはない落人の「塩竈」が八つ、今もその昔を偲んで、八幡神社で一月三日に祭りがおこなわれている。八竈は道行、大方、小方、栃木、新桑、棚橋、相賀、赤崎と東西二十キロに及んでいるが、竈の姿は今やない。祭りは持ち回りで、一九九〇年は新桑の番だった。最西端の古和浦湾に行ってみると、「棚橋竈平家落人塩焼竈跡」という碑が立っていた。「竈」という字を略字にしない頑迷さは、「竈方祭り」の厳粛きわまる式次第にも現れている。

「これが御証文」

「たしかに」

と、年に一度確認しあって、先祖伝来の系図を持ち回りで、「竈」の代表者が保管してきたのである。

落人ゆえか、海に出て働けず、船も持てなかった人々は、島田、橋本、野口、西川、村田の五姓で、「釜方五姓」とよばれ、「八竈」の伝統を守っている。羽織、袴すがたで刀を差して釜を受け取る儀式は、御証文箱に保存された古文書にのっとって、今も行われている。

同じ熊野灘の沿岸でも、このあたりは、知られざる史実を教えてくれた。

平成の町村合併後は、「南島町」と呼ばれるが、たしかに、島のような生き方をしているように思われた。しかし、入り江を一周できるように架けられた「南島大橋」はじつに見事な貫禄をみせて、時代の先端を行っているような姿で、太平洋の水平線を飾っていた。

甲州の誇る長寿の里

1

冬といえば、カボチャの季節だ。ヨーロッパでは、ハロウィーンの行事とともに、冬が始まる。子供たちが大きなカボチャをくりぬいて、頭にかぶって、町を練り歩く。これはキリスト教の聖人を祝う祝日で、毎年、十一月一日に行われる「カボチャ祭り」でもある。古代ケルト人の信仰から生まれたらしいが、カボチャがなぜ登場したか。

アメリカのハロウィーンに、カボチャを使うのは、原産地が南米だからだ。英語ではパンプキン、日本ではトウナスともいうが、カンボジアの方から来たというわけで、日本の南にある国なので、「南瓜」と書いた。これは西瓜と対にした表現で、トウナスの発音は、唐の国（外国のこと）から来たというイメージが生んだのである。

日本で常食にしているカボチャはクリカボチャとよばれ、南瓜と書くのは、瓜科に属するからだ。しかし、ウリとはちがって、じつに、栄養が豊かだ。カロチンとビタミンAをたっぷり含む健康食だ。種もたんぱく質の塊で、炒って食べれば、スタミナ源だ。カボチャは野菜というには、「菜」の要素がなく、果物というほど甘みもないので、「西瓜《すいか》」のように話題にならないが、根菜類を抜く栄養があり、長寿食というべき農作物なのである。

カボチャといえば、甲州の郷土食というべきホウトウが有名だ。甲府にはこれを食べさせる店がたくさんあるが、県下全般の日常食でもある。一見、味噌味のけんちんウドンのようにみえるが、水田の乏しい甲州での知恵は、風土に合った小麦を育ててきたので、平地のとは歯応えが違う。味噌仕立てのスープも、多彩な具を入れることによって、妙なる舌感を誇る。富士山をそびえさす風土だけに、水田よりも、山肌に育つ四季の幸を「具」として入れる。なかでも、カボチャが核だ。サトイモ、シイタケ、ニンジン、コンニャク、白菜はかならず入れる。そして、その味付けは味噌が決定打なのだ。

2

ホウトウという名称は、研究に値する。これは中国の陝西省にある呼称で、ここも山国の風土である。「餺飥《はくたく》」と書いていたらしいが、日本に移入されてから、発音が変わり、独自の作り方になったのだろう。中国では、ウドンも、「饂飩」と書き、ウンドンの発音がつまったものだ。ラーメンも、日本人がその味を千変万化させている。しかし、すでに、武田信玄の時代から、ホウトウは陣中食として、甲州武士の常食になっていたので、その後は、全県下に普及した。

幕末に、全国を托鉢姿で行脚していた野田成亮（泉光院）も書いている。石和《いさわ》に泊まった夜、民家で出してくれたのが、ホウトウだけでなく、トウモロコシの団子、ゆでたサトイモ、小豆の餡をまぶした輪切りの大根だったことを特筆している。戦後の甲府は、ホウトウの町だが、昇仙峡にも、「ほうとう会館」があるし、河口湖の北岸の「もみじ亭」では、特製の南蛮味噌を入れている。

これから語る長寿の里は、甲州でも、東京にちかい山村である。年寄りには歩くのが負担に感じられそうな急斜面の山肌だが、この地形を毎日上下して生活しているので、足腰が鍛えられて、住民たちは老いてますます健康なのだ。

新宿から西へ五十キロ、高尾山、相模湖を見送って、山梨県に入ったところである。下車駅は上野原。ここは甲州街道沿いの宿場だが、名のとおり、駅から一段高い丘の上にある町だ。長寿を誇る山村は、この北方、数キロにある棡原という地域である。ユズリハラと読む字は難解だ。しかし、この地域に入る地点に「長寿村・棡原」と刻字した大きな石碑が立っている。この谷間の入り口から、左右の山肌に、点々と人家がみえる。その山腹にある集落は十カ所ほどに点在し、住民は一四〇〇人、世帯数は四八〇、六十五歳以上の老人が四十二パーセントを占めている。家の建っている場所をみると、どこも日当たりがいい。南に面した山の斜面には、長寿を保証する野菜が植えられている。とくに、日当たりのいいのが、その名も日原《ひはら》という最奥の集落。標高は五〇〇メートルある。この山腹は、駅から三十分ほど乗ったバスの行く手に見えた。

私が下り立った神戸《ごうど》という地点は、棡原の登山口というべき川沿いの集落である。見ると、バス停のすぐ下にレストランがあった。「ふるさと・長寿館」という健康食提供のシンボル的存在であった。公共施設的な感じの建物だが、食堂の入り口では、地元で育てた野菜と根菜類を売っている。

食べる前に、山腹の農家で作っている畑作の実景を見たかった。冬の空は晴れている。日原までは約一時間。急斜面を登りながら、かつて、一度この地域を訪れたことを思い出した。それは五十歳代のことだ。この檜原の北は奥多摩で、そこに数馬《かずま》という集落がある。そこから西原《さいはら》峠を越えて、この上野原側に入ったことがある。しかし、当時は、腰痛に悩まされていて、この峠を下りたとき、突然、ギックリ腰になってしまった。そのとき、郷原《ごうはら》という集落で出会った老人の元気のよさに驚いた。午後三時頃だったこともあって、「酒マンジュウを食べるといい」と言われたのが、心に残った。

この味覚も、上野原付近の誇る郷土食だ。そのマンジュウも、月並みではなく、この地ならではの麦の麹で作る。今日も、みやげに買っていきたいが、視界は開けて、山の斜面には、白い土蔵のある民家があった。振り返ってみると、さっきバスを降りた地点にあるレストランが、谷間の点景となり、道端の畑には、サトイモの大きな葉が波打っている。土蔵の前では、その家の主と思われる老人が大根の種を播いていた。じつに健康そうだ。

私も幸い、その後、健康に留意し、八十歳を過ぎてからは腰痛もなく、こうして急斜面の山も快く登れる。この日原のいちばん上に民宿があることを思うと、そこへ行くまでが、足腰を鍛えさせてくれる。そして、食べれば、食欲も増すわけだ。その名も「長明館」という民宿で、出す惣菜はすべて自家栽培のものばかりだ。長寿食だけでなく、柚を出すと聞いて、「ユズ」が育つので「ユズリハラ」という地名がついたのか、と納得した。

3

棡原の入り口に、シンボルのように建つ「レストラン・長寿館」での献立は語るに値する。これが長寿食のメニューか、とあらためて知った。

ウドンと麦飯の作り方が独自である。この二つをそろえたお膳がある。ホウトウの具は、カボチャのほか、サトイモ、ジャガイモ、ニンジン、シイタケ、コンニャクなどだが、ここでは、十品そろえた「白寿コース」というのがある。特筆すべきは、「タマジ」とよばれる一品。手軽な定食にも、これが出る。タマジとは、卵に似ているからか、「玉児」と書く。正式には、「セイダのタマジ」という。はじめて聞くと、正体不明な感じだが、直径二センチほどの小さな丸いジャガイモを煮たものである。その味は、芋とは思えない歯ごたえで、加工した団子をおもわせるが、これは、農家で売り物にならないような小さいのを自家用に食べていたが、皮をとらずに味つけしたら、じつに美味しかったことから、客観的評価を得て、桐原の代表的なご馳走になったのである。サラダ油を敷いた鍋で数分間炒めて、水を入れ、味噌と醤油と砂糖を加えて、落とし蓋をする。水がなくなるまで煮ると、独特な色に仕上がる。「捨てるのはもったいない」という老人たちの発想から生まれたものだ。

このレストランでは、長寿食の作り方も教えている。「セイダのタマジ」は筆頭の人気だが、ホウトウのベースになる味噌やウドンの作り方も教える。食堂の出口で、地元で採れた野菜と根菜類も売っているので、東京からの客も多い。即売されているものは、すべて、生産者の名前が明示されている。カボチャ、ニンジンはもちろん、根ショウガ、長ナス、異色なのは、ツルムラサキだ。これは観葉植物だと思っていたが、聞けば、茎葉はホウレンソウより栄養化が高い、とのこと。並べてある十種類ほどの野菜を見て、長寿者が多いことを納得した。

二十一世紀になってからは、プライバシーが保護され、住んでいる高齢者の公表はしないが、神戸にある行政の支所で聞くと、この地域には、百歳以上の人が四人いるとのこと。二十世紀までは、もっと多かったらしいが、かつて、三十年前に訪れたときと、環境は変わっていないように見えた。

山梨県でも、「郡内《ぐんない》地方」とよばれるこのあたりに、長寿者が多いことを、発見したのは、戦前から、全国を旅して、老人の健康を調べていた近藤正二という医者である。『日本の長寿村・短命村』という本を書いている。そのなかで、環境的には、海を前にした漁村は、野菜よりも、魚を食べるので、意外に短命だ、という。それに対して、富士山麓の鳴沢村は海抜が一〇〇〇メートルもある高冷地なのに、長寿者が多いのは、トウモロコシをよく食べていること、いい大豆が採れるので、毎食、みそ汁をたくさん飲むからだ、と特筆している。

近藤先生の跡を継いだ甲府の古守豊甫先生は、二十世紀後半の棡原に四十年間、通って、住民の日常食について調べている。「長寿のメニュー」として評価しているのが、「オバク」である。これは「お麦」と書き、「むぎめし」のことである。一見、黒いソバガキだが、口に入れた途端に溶けて、一時間たらずで胃を通過し、腹にもたれず、病人にもいい。これぞ「長寿の因」とたたえている。

4

この上野原一帯は、長生きした老人が多かったことを示す地名がある。甲州街道を歩いているとき、発見した「不老」という地名は、中央高速道路の北にあり、椚原とちがって、だれも話題にせず、忘れられた感のある山村である。しかし、その背後には、不老山という山がある。この山に登って、「老い知らず」を祈願しよう、と八十歳を過ぎてから、登ってみたのである。

上野原の駅から、「不老下《した》」という行き先を示したバスが出ている。甲州街道沿いに、三十分ほど乗る。この山は、高さが八三九メートル。不老という名の集落は、この山の麓にあって、わずか十三軒、ここも南面の日当たりのいい山肌にある。畑は傾斜し、出会った住民は、血色よく、健やかに歩いている。しかし、背後の山路は、たちまち暗い杉林の中に入り、指導標などはない急斜面になった。一人だったので、熊に遭いそうな不安にかられ、持参の笛を吹きながらゆっくり登った。幸い、「不老」を念じた御利益か、なんとか登れた。約三時間、だれにも会わず、椚原とは違う静かさだった。

しかし、椚原と不老の二カ所を訪れて、あらためて感じたのは、老化を防ぐには、食事だけでなく、日常生活において、体を無理なく、動かすことを持続させる知恵が必要だ。麓の農家で聞くと、健康な老人たちは、朝飯前に山仕事をする。畑まで、上り三十分、仕事三十分、下り三十分、これで脚力が保たれ、毎日食欲が増す、と語ってくれた。早起きするのがつらい私は、うなずくばかりだ。

長寿の里の入り口というべき上野原の町では、名物の「酒マンジュウ」を売っている。歩いてみると、甲州街道時代の面影を残す町並みのところどころで、甘い香りが漂う。肉マンとはちがう作り方は、まず、麦麹を使って甘酒を作り、小麦粉を耳たぶくらいの固さに練って、ふくらませる。三十分蒸すと、丸々として光沢が出る。小豆餡か、味噌餡か、どちらにしようか、と迷っていると、入ってきた老人が言った。

「甲州は酒マンジュウとブドウだよ」

この二つが、長寿にいい、とのこと。たしかに、ブドウ酒は、日本酒とちがって、果物自体をつぶして液化する。ワインにはミネラル分が含まれている。これが血液をアルカリ性にしてくれることを、甲州を旅して再認識した。駅に向かうと、途中に牛倉神社があった。境内にある石像の牛を撫でると、身体の痛みが取れるという。長寿を祈った旅の締めくくりにふさわしい存在であった。大正生まれの私は寅年だが、来年は丑年だ。脚力の保持を祈って、牛の足を撫ぜた。

甲州には、ホウトウだけではなく、異色の味覚があった。「セイダのタマジ」「オバク」「酒マンジュウ」、この三つは、長寿の里の郷土食として、評価されていい。棡原は、これからも、「山は青き、水は清き故郷」であってほしい、と思った。

有耶無耶関の謎

1

みちのくの古代をさぐる旅に出た。日本海に沿って北上した。その昔、出羽の国の北に、巨大な火山がそびえていた。まだ鳥海山とは呼ばれず、激しく噴火し、鳴動するので、「荒ぶる神」の仕業かと、怖れられていた。

大和朝廷では、その山の様子を聞いて、蝦夷に近い地域であり、住民もさぞ大変だろう、山には霊というものがあるから、それを鎮めることだ、と「大物忌神《おおものいみ》」を祀られた、という伝説がある。

朝廷が奈良に遷都した七〇〇年頃、北辺の原住民を手なずけるために、出羽の国の一隅に、城輪の柵（出羽の柵）を築いた。今の山形県北である。この先、海辺の山腹が海に迫り、道が作れなかった。ここを通ると、何者かに襲われると噂されていた。異民族か、火山か。真相はわからず、この山には「手長足長」という怪物がひそんでいるという話が伝わりはじめた。これは謎めいたイメージで、手や足が伸び縮みするという。正体不明の殺人魔だと思ったのか。朝廷では、大物忌神に頼んで退治しようということになった。そこで山の神に祈ると、一羽の霊鳥が現れた。その鳥は「三本足」の不思議な鳥だということであった。

「今日は鬼は出ないだろうか」

と蝦夷へ向かう武士が聞くと、麓の住民は答えた。

「鳥の声で、いるかいないか、がわかる。手長足長が来る、と知ったら、家に戻って戸を閉める。ありがたい鳥だ」

奈良に都が移ったころのことか。日本海沿いに阿倍比羅夫が蝦夷征伐に行ってから五十年、都の人々は、うやむやの関が和歌に詠まれたので、その情景を想像した。

武士《もののふ》の出るさ入るさに枝折りする
とやとや鳥の有耶無耶の関

この「うやむや」とは、道がはっきりわからない、ということであろう。帰る時に迷うので、木の枝を折って目印にした、と解釈された。「有耶無耶」は、「いるか、いないか」ということ。耶は疑問詞で、鳥の声ではなく、地元民の実感かもしれない。

この「とやとや鳥」とはどんな鳥か。吉凶を知らせる霊鳥のことか。鳥ならば、鳥か鷹か、と人々は噂した。その実情は不明のまま、平安時代になってから、山中にひそむ「手長足長」を、治安上、退治することを命じられたのが名僧、円仁である。伝説では、死後、慈覚大師と呼ばれたこの僧が現地を訪れ、法力で鎮めようと、山の麓で祈りを捧げると、すざましい勢いで、突然、閃光が走った、というのである。これで、「手長足長」は死んだとされたが、この怪物とは一体何だったのか。おそらく、火山の噴火である。鳥海山は七〇八年に爆発している。二度目は四年後の七一二年。「手長足長」と表現されたのは火口から流れ出た溶岩だったと思われる。慈覚大師が来て祈ったのは五度目の噴火の時で、おそらく八四六年のことである。慈覚大師は七九四年の生まれだから、中国から帰国してからのことで、霊験あらたかな僧だ、と思われたのであろう。

この後、鳥海山の噴火は鎮まり、八四六年には富士山が噴火している。

2

「手長足長」のイメージは、鳥海山の溶岩だった。しかし、有耶無耶というのは、鳥の鳴き声とは思えない。溶岩が堆積して、はっきりわからない道の形容ではないか。現地を調べに出かけた。

羽越線の女鹿《めが》駅で降りた。鳥海山の西麓という位置にある。西側は日本海。有耶無耶の関まで一時間で歩ける。小暗い林間に入ると、海辺に旧道がある。その入り口に、慈覚大師の修行した堂があった。有耶無耶峠はどこか。眼下に海を見る崖上の道を行くと、測量上の三角点があった。ここが関の跡か。今は山形と秋田の県境である。

この海沿い道は、半ば遊歩道化している。無人灯台もある。地元の人がいたので聞くと、古道は右手の山上で、今は三崎峠と呼ばれ、有耶無耶の関もそこにあるという。秋田県に入り、北上してもどるように登り返すと、車道に出た。この道が、伝説時代にも歩かれていたのか。「三崎山に有耶無耶の関あり。タブの木あり。日本最古の青銅刀も発見された」という説明板があり、芭蕉も「奥の細道」でここを歩いたと思われる。秋田側の海辺集落、小佐川の人に聞けば、七号線ができてからは、旧道は「有耶無耶だ」と笑った。

そこで、「とやとや鳥」の古歌のいわれを聞くと、故事来歴は知らない、という。芭蕉に同行していた曾良《そら》が作った俳句、

波越えぬ契りありてや　みさごの巣

は、この付近の作である。「みさご」という鳥は海の鷹を思わせる鳥で、急降下して水中の魚をくわえて飛び上がる。旅日記に曾良は、この鳥を見たのは、旧の八月十六日で、「是れ難所、馬牛通らず、有耶無耶関なりという」と書いている。曾良が見た鳥は海辺の岩上に巣をつくるが、とやといえば鳥屋、鳥屋といえば鳥の寝床だ。ねぐらを作るのは、山中の鳥ではないか。と思ったとき、もう一つの有耶無耶関があることを思い出した。

同じみちのくで、奥羽山脈中にある笹谷峠につくられた関所。仙台に住んでいたころ、行ってみたかった秘境。蔵王山の北にあって、高さ九〇〇メートル。往時は、ここにも有耶無耶関があった。仙台と山形を結ぶ最短の山路である。とやとや鳥は、この山中にいた鳥かもしれない。三度目の取材は、この峠に向かった。同じ有耶無耶の

名を持つ東西の峠。この峠も、古くから歩かれている。鳥海山の怒りを鎮めに行った慈覚大師の時代、太平洋岸では多賀城がつくられ、山形側には、立石寺が開基されている。八〇〇年頃の記録、「続日本記」に出てくる「ひらほこ山」は、もっと北らしいが、平安初期は、坂上田村麻呂も視野に入れていたろう。奥州街道から出羽への近道として利用されたのが、この有耶無耶峠だった。

二十世紀後半、この峠の中腹には、トンネルが掘られ、山上を歩く人はまれになった。しかし、鎌倉時代までは奥州街道と出羽地方を結ぶ山路として歩かれていた。義経も西行も越えたという伝えがある。東側には笹谷の集落、西側には関沢という宿場がある。関沢に行ってみると、本陣の跡を継ぐ鈴木家に、古文書があった。

この峠越えは笹谷街道と呼ばれていたが、山上はほとんど平坦で、その東端に有耶無耶の関があった。今も草深い秘境の感じである。すぐ南にそびえる雁戸《がんど》山は尖っているのに、この峠は東西がかなり広い台地で、八丁平と名づけられている。どこを歩いても、越えられそうなので、有耶無耶峠と呼ばれたことがうなずけた。

山形側の中腹にある関沢の鈴木家には、語り伝えられた話があり、往時は峠に山賊が住み、旅人を襲ったという。鳥海山の有耶無耶峠と同様、ここにも伝えがあった。鳥はいなかったかと聞けば、古歌があった。

霧深きとやとや鳥に道問はば
名子さえ惑う有耶無耶の関

という一首は、鎌倉時代の宗良親王の歌である、という。鳥海山で聞いた鳥とは違うのか。山形側の鈴木家に残る文書でわかったが、鳥海山麓で聞いた「武士の出るさ入るさに枝折りする」の歌は、「八雲御抄」に載っているもので、作者は順徳天皇である。とすれば、鎌倉時代にはかなり歩かれていて、ともに歌枕として知られていたのである。宗良親王といえば、南北朝時代の皇子で、伊勢から海路、みちのくへ旅しているから、このあたりに来ているかもしれない。

東側には奥州街道が通り、この有耶無耶峠にも山賊の出没を知らせる二羽の鳥がいた、という。いるときは、「うや」と鳴き、いないときは「むや」と鳴く、という話になっている。

来てみると、峠の周辺は高原状で、根曲がり竹の密生する林間。今も道は定かでなく、かつてそこに仙住寺があった、という説明板が立っていた。林を分けて行くと、そこに太くて巨大な「有耶無耶関跡」の碑が立っていた。その碑を見ていると、私も帰り道に迷いそうな気になったが、メモしてきた、もう一つの歌を口ずさんだ。

東路のとやとや鳥のあけぼのに
ほとときす鳴く有耶無耶の関

このとやとや鳥を霊鳥として、宮城側の笹谷の住民たちは、観音様にして祀った。この集落の上にはいまも、とやとや鳥の存在を偲ぶ十一面観音堂があり、信仰の対象となっている。戦後、この地底にはトンネルが掘られ、今は幹線的有料道路になり、この峠路を歩く人はまれだ。八丁平と呼ばれたこの山上は、歩いてみると、たしかに八〇〇メートルあり、伝説に酔っていたひとときを現実に戻してくれた。

佐久の牧歌・今昔

1

「佐久」は「サク」と読み、信州の東の一隅である。一文字一発音で、万葉仮名を感じさせる地名である。信濃川の上流で、千曲川が南北に流れている高原の風土である。万葉集の時代、七〇〇年頃は、信濃の国には、十六の官営牧場があり、八十頭の馬がいた、ことがわかる。浅間山麓には、東山道が通っていた。その頃から、佐久の東西は、馬を育てる牧場地帯だったのだ。

今の小諸の南に、御牧《みまき》ヶ原という高原地帯がある。ここが古代の「御料牧場」だった。万葉時代から話題になっていたのは、馬を育てる牧場地帯だったからである。「サク」とは、牧場を囲う柵のことである。

古代の牧場は、今の軽井沢の南の馬取萱という地名が残るあたりから、西の小海線の方にひろがっていた。「長倉の牧」は有名で、今も、中軽井沢の近くに、その名を残しているが、八〇〇年代の史書である「三代実録」に出ている。私の佐久の史的探訪は、浅間山の南麓から始めよう、と小諸の駅に降り立った。芦田行きのバスは、たちまち、千曲川を渡って、上ノ平という山上の集落へ登った。眼下の対岸に、小諸の古城跡、懐古園が見える、と思ったら、道は平らになったので降りた。目的地は望月に近い、御牧ヶ原である。そこまで歩こう、と思って、途中下車したのは、鴇久保というところ。妙な地名にも、惹かれたが、路傍に建つ鳥居を目に止めたからだ。額には、十二神社と書いてある。ここは御牧ヶ原の入り口だ。しばらく行くと、ケヤキの巨木の下に、古い道祖神があった。鴇はトキと読む鳥で、朱鷺と書く鳥とは違う。雁の一種らしいが、そんな詮索よりも、古代に戻ったようなこの静けさ。旧道に入ると、草に蔽われた道は土を見せないな、と思ううち、出会った地蔵尊。小さな小屋のなかにあり、その傍らに、「常灯明」と彫られた石灯籠が立っていた。ここから南へ歩けば、六キロほどで御牧ヶ原だ。

浅間山の見える高原の道は、平均八〇〇メートルの雲上の世界。諏訪山口と書かれたバス停のそばの家では、たばこを栽培しているとのこと。かつての牧場は消え、現代を感じさせたが、見れば背丈より高い葉の茂りが、思わず地表へ視線を移した。

バス路線から離れて、御牧ヶ原へ向かうと、小さな池が点々とある。牧場地帯は過去のこと。ここは降雨量が少ないので、水田化のために溜池を積極的につくってきたのだ。「佐久」は「柵」だ、という先入観が反省された、と思ったころ、畑に働く人に出会い、

「この先に、農業大学校がありますよ」

と教えられた。「牧」は、昔は「馬城」と書いたという知識を得たが、とりまく風景を見ると、旅情は現代に戻った。この付近では、イチゴを栽培していた。

2

点々とつくられた溜池を見ながら、二時間歩いた。望月に着いた。ここが古代の牧場の管理地だった。御牧ヶ原で育った四歳以上の馬を、朝廷に献上する日が、「望月の日」だった。望月とは満月のことである。

「貞観七年、信濃国の貢馬、十五日に定む」

とあり、以後、八月の十五日に、ここから御料馬を献上したのである。それを取り

しきっていたのが、この望月であった。飛鳥時代から鎌倉時代までは、この望月が佐久の「核」であった。歩いてみて、わかったが、この御牧ヶ原一帯は、日本海からも、太平洋からも最も遠いので、空気は澄んで乾いている。それが牧場に適したのだ。

しかし、その後、戦国時代になると、このあたりは、武田信玄に攻められて、苦労している。城は御牧ヶ原を見下ろす高台にあり、一見、要害の地のようだが、上田で真田氏が登場するまで、この佐久一帯は、なかば戦場であった。江戸時代になって、中山道が通ってから、宿場として町並みをととのえた。その名残は、巨大な下駄の看板を掲げた店の造りに象徴されていた。城は高みにあるが、町は谷底にあり、水は豊富かと思われたが、江戸時代になって、水田をつくるのに苦労した、と町の人は語った。

谷間には、鹿曲川《かくま》が流れているが、右岸は絶壁の地形なので、上流から流すのに、三〇〇メートルも隧道を掘ったのである。

「市川五郎兵衛は寛永時代の人です」

と聞いて、「佐久」の水を再認識した。この人は、上州の生まれだったが、武田氏の滅亡後、徳川家康に評価されて、水田開発のパイオニアとなったのである。

「蓼科山からの水を水田に入れるのに、苦労したんです。この先、芦田には三つも堰がありますよ」

と聞いて、西へ向かった。江戸時代の水田開発の苦労を知りたかった。

3

中山道を西へ向かうと、二つ目の宿場が芦田である。ここも蓼科山麓、水田をつくるのに苦労している。芦田川が流れているが、南北が高いので水が引けない。そこで、望月寄りを流れている八丁地川から引こう、ということになった。この工事が大変だった。地図を見ると等高線に沿って、S字状に十回も曲がっている。堰沿いの集落に年貢を納めたりして、やっとつくったが、苦労した成果は、

「馬場池を見るといい」

と言われて、町の南の台地へのぼってみた。小広い池は満面の水を湛え、小さな岬まである佳景である。かつての馬場の跡だというが、今はこの一帯の命の水である。芦田の方へ滔々と流れている。しかし、苦労してつくったのは池ではなく、等高線に沿って流す水路である。途中に岩盤があり、堰をつくっても、水が漏れた。この漏水を活かして、途中にある小平、三井の集落にも分水したので、この八丁地堰は、今も

一見に値するのである。

その水路の流れの速さに見とれていると、私のズボンのなかが、むずがゆくなった。見ると、バッタが入り込んだのだ。蛇でなくてよかった、と顔を上げると、蓼科山が南に大きく聳えていた。このところ、晴れ続きだから、バッタも飢えていたのか、と苦笑した。御牧ヶ原とちがって、芦田では、この下の水田化のために、塩田堰、八重原堰もつくっている。池ではなく、堰は水路のことで、「センギ」と呼んでいるのである。

中山道も、佐久はここまで、と私は、東へ戻った。岩村田行きのバスは千曲川を渡って、小海線に乗れるようにしている。岩村田も中山道の宿場町。昔の名残がある、と聞いて、荒宿通りを歩いた。萱葺き屋根が残っていた。しかし、小海線は佐久の南北を走っているのだから、もっと南へ行こう、と小淵沢行きに乗り込んだ。

中込で降りた。ここには昭和二十年代に来たことがあるが、「ナカゴミ」と読むことに驚いた記憶がよみがえった。昔は、「中込ッ原」とよばれる一面の桑畑だった、と聞かされたが、すっかり都会化している。小海線が千曲川の東岸を通ってしまったので、対岸にある野沢の町の人は、この中込下車ということになり、新開の町として中込は得をした感がある。中山道沿いでもなければ、城下町でもないので、戦後になって、町造りが成功したともいえる。北へ発展し、北中込という新駅までつくった。

このあたりは、古代の牧場地帯であろう。

戦前まで種畜場があり、今も長野牧場がある。しかし、この町で私が評価したのは、明治時代の「中込学校」である。

駅から歩いて十分ほど、丸い尖塔を突き立てた洋風建築、明治八年に建てられた異色の存在。入って驚いたことに、天井に世界地図のような方位図が描かれている。近くは、浅間山、八ヶ岳、蓼科山から、都市は、札幌から、東京、京都、鹿児島まで。外国は北京、ロンドン、カナダからパナマ、メルボルンまで。当時の小学校とは思えない視野の広さで子供たちに教えていたことがわかる。

この建物を造ったのは市川代治郎。

「この棟梁は地元の人です」

という生い立ちを聞けば、文政八年、名主の子として生まれ、幕末は東京築地の外人居留地に出入りして、アメリカ人と親しくなり、渡米して五年後、建築家になって帰国したのである。信州では、松本の開智学校がこの一年前にできているが、この中込学校では、塔から太鼓を鳴らして、時刻を知らせ、「太鼓楼」と呼ばれていたというから、思わず、空を見上げると、空の青さが目にしみた。

4

佐久盆地の北端は浅間の山麓。

古代の牧場風景が味わえそうなあたりを地図で見ると、真楽寺という寺がある。聞いてみると、ここはひときわ古い存在だ、という。浅間山の噴火を鎮めるために建てた古刹だという。それでは、佐久の旅の締めくくりとして、ぜひ訪れたい、と決めて、中込から小諸行きの小海線に乗った。

真楽寺に行くには、御代田駅下車が近い。上りの信越線に乗り換えて、二駅の近さ。ここから西北へ一時間。塩野で聞くと、南からは入れない、という。北の浅間山側には、サンライン道路があって、こちらも入れそうもない。幸い、東側に山門があった。明るかった頭上から突然森の中に入った。小暗い感じで、すぐ石段。奥行き二十センチの狭い石段。勾配はきつく、六十七段もあり、さすが浅間山が守護神か、と思った。

上がると、神代杉が巨大な根を張って、地上を見下ろしている。下部は空洞化して、神木らしく、注連縄《しめなわ》が張ってある。樹齢一三〇〇年とある。仏教伝来の頃から、下界を見下ろしてきたのだ。左手の本堂で聞けば、浅間山の噴火を鎮めるために建てられたのだから、五八六年の開山とのこと。これは聖徳太子の時代ではないか。まだ、牧場もないころから、浅間山という自然の脅威に対する祈りが行われていたことがわかる。

日本は火山の国というが、浅間山の噴火がいちばん早い。桜島は七一六年から、富士山は七八一年からとされている。浅間山の噴火では、天明三年の北麓への溶岩流によって、「死者二万人、牛馬その数を知らず」と記録されているが、この山は、つねに波乱にみちている。

そんな想いに傾いたとき、発見した巨大な石碑は、新たな再認識を与えてくれた。大淀三千風の句碑である。この俳人は芭蕉と同時代人で、芭蕉が敬して、「奥の細道」の旅の折、ぜひ会いたいと思っていた人物。生涯旅をしていたので、浅間山にも登っている。碑には、彼の記録として、貞享三年の四月、

「かくて上田、海野、小諸、塩野に着く。明くれば卯月四日、縁日なれば道連れ多く、さしも名高き浅間山などに登りて、禅頂煙洞の内輪まで四里半」とあり、私も通ってきた塩野から、この寺に来ている。

「雲のかけはし、煙のちまた、肝を冷やし、人々逃げ惑う。ようやく麓の真楽寺に着き、浅間記、軸を残す」

とあるから、この日も浅間山は噴火していたのであろう。この記録は彼の書いた「日本行脚文集」にある。

この碑との出会いが、佐久の旅の終わりを締めくくってくれた。浅間山は、佐久の過去から現在まで、いや、未来も見つづけてゆくことだろう。

ほくほく線の越後物語

1

「ほくほく線」とはどこだ、と言われそうだ。

「ほくほく」という擬音は、人が喜ぶときの表現だ。越後を走るローカル線の名だ、と言えば、どこを走っているか、と聞かれそうだ。

「ほく」とは北、北陸なのか、二度目の「ほく」は「北国」か。命名者は自讃しているかもしれないが、北陸新幹線が走ってからは、忘れられてしまって気の毒だ。

時刻表を見ると、「北越本線」とある。北陸本線と上越線を結ぶレールとして、JRでも待望の幹線として新設されたことを示しているが、二十世紀末に開通してから、この新線は、東京から金沢に行く最短コースとして、一躍絶頂の人気を得たのである。しかし、二〇一五年に北陸新幹線ができて、「お役御免」となったのは、同情に値する。一九九七年開通の年に乗った私の印象は、越後の国の東西を結ぶ画期的なバイパス・レールであった。

上野から上越新幹線に乗って、越後湯沢で乗り換えると、三時間で金沢に着く。その間、上越線と信越線をほぼ直線でつなぐのが、「ほくほく線」である。「ほくほく線」と俗称したのは、地元にとって、よほどうれしかったからであろう。その新線のほぼ真ん中にある「ほくほく大島」という駅を目指して、私は旅立った。「ほくほく線」は六駅、東の起点は六日町で、十日町で飯山線と交わっているが、金沢行きの特急「はくたか」は小さな駅には停まらないので、越後湯沢から直江津行きの各停に乗り換えた。

2

「ほくほく大島」と名づけられた駅は、ホームだけが太陽光線を受ける感じの狭い盆地のなかにあった。高架線の駅なので、降り立った時の気分がいい。前も後ろもトンネルで、ホームから見下ろす眼下にも人家はない。まさに、地峡のなかの孤独な駅であった。

降り立った人もいない。ほくほくしているのは、私だけで、しばらく、ホームでとりまく風景に見惚れた。

六日町からたちまちトンネルの連続だった。最初の駅だった十日町は、かつて来たことがあるので、ホームから見下ろしたが、ここは雪祭りがカーニバルと呼ばれる冬の名所。今日は乗り降りする人も少ないが、飯山線との交差駅で、ほくほく線ができて、地元民は起死回生の気分だろう。先年、来たときは、「越後縮に雪の肌」と歌われる織物のまちとして栄えた雰囲気を味わった。諏訪神社に登ると、町並みが一望できた。

今日は、駅を出ると、たちまち、信濃川を渡り、トンネルに入った。窓外の風景を期待していたのに、上越新幹線並みの地底の旅か、と思った瞬間、明るい窓外。停まった次の駅の名は「まつだい」とある。末代か、と思ったが、駅名に漢字がない。地図をみると「松代」である。松代と書けば、信州にある城下町マツシロか、と思わせるが、ここは、あえてひらがなにして、「名は末代まで」残したいという願望が感じられた。

松代の駅を出ると、またすぐトンネル。これは長い。八キロもある。抜けた瞬間、また駅だ。これが今日の下車駅、「ほくほく大島」。六日町から三つ目、三十分だった。この先、四駅で、日本海岸を走る信越本線の犀潟《さいかた》駅と結ばれている。

ここは越後でも、中越と呼ぶべきか。松代の駅の南には松之山温泉があるが、ほかには観光対象になるものはない。しかし、今抜けてきたトンネルの上は、儀明峠とよばれ、南北の分水嶺か、と思われたので、一度、歩いてみたかったのだ。真北は日本海に面した柏崎、真南は信州の北にある野沢温泉。「旅」の編集長をしていた頃からの願望をやっと果たせるか、と期待して降り立った。「奥越後」というべき山間だが、「ほくほく線」の駅前には、人家はまったくなく、とまどった。地図をみると、大島村役場は駅の南四キロ、儀明峠は駅の東四キロだ。この峠の下のトンネルを抜けた地点が「ほくほく大島」の駅だったのだ。

村役場の人が来てくれたので、クルマで峠まで登れた。儀明という名の地名は、東隣の松代側にあるが、峠の西側から、昔は塩を運んでいたという。「塩の道」であったのだ。

「日本海の海辺から、牛に塩をのせて、峠を越えていたんです」

と村役場の南雲さんは言った。高さは三〇〇メートルなので、善男善女も通い、山上には薬師堂があった。かつて歩かれた道は廃道化し、今は車道ができているが、S

字状を繰り返し、雪深い冬の寒さが偲ばれた。冬も通れるようにと、この峠の下にトンネルができたのは、昭和五十年である。この工事中、峠の真下から、天然ガスが噴き出したので、これを活かして、トンネルの入り口に、憩いの宿をつくった。「大山温泉」と称している。

副産物的な温泉よりも、古いゆかりの地はないか、と聞けば、

「板山不動尊は村民の信仰の的です」

ここは、かつての「塩の道」の途上で、「月の岩屋」と呼ばれる崖の下の洞窟に、石仏が秘められている。二〇〇体もあるというが、昼なお暗い地底はきれいに掃除されていて、信仰のあつさを感じさせる。板山という集落は、南面の緩斜面にあり、今も茅葺きの民家が旅情を漂わせている。黒光りした柱は三〇〇年経っているとのこと、手斧《ちょうな》削りというのだろう。チョウナとは曲がった鍬で、深い雪の重みにも耐えてきた民家の歴史を感じさせた。

「冬は三メートル以上の雪が積もります」

と古屋家の奥さんは言った。

「いろり端では夏に使うゴザを作っていたんです。材料はチガヤです」

茅萱といえば、葉に先立って、銀白色の穂をつける。それも七十センチ以上のもの

を取って乾燥させてゴザにする。そんな伝統を活かして、大山温泉のちかくにも畳屋がある、と聞いて、その夜の宿は決まった。

ここは村人たちの憩いの宿。湯につかってみると、泉質は弱アルカリ泉、泉温は十三度なので、加熱しているとのこと。その湯船の中で、

「秘境がお好きなら、小海の池というのがあります」

というので、翌日の行動が決まった。

3

大山温泉と、昨日訪れた板山不動尊との間に、この小さな池はあった。川沿いの道から丘に登った感じのところに現れた水面は、周囲三〇〇メートルほどしかないが、まさに天然湖だ。

「伝説のある池ですよ」

と昨夜聞いたが、「底なし沼ですよ」とも言っていた。澄んだ水面は冷たそうだ。板山でもらった資料には、二十世紀とは思えない語り伝えが書かれていた。

小海の池には古来、池の主がいると信じられている。その怒りに触れると、一天俄

かに、かき曇り、篠突く雷雨が襲う神秘な池で、戦前まで近郷近在から雨乞いのために農家の人が引きも切らず、神酒を上げて、祈りを捧げてきた。

板山不動の元の尊像は、この小海にあったもので、その後、月の岩屋に移されたものといわれている。

一九八四年　夏

最近、書かれたものだ。「池の主」とは何者か。「底なし沼だ」という人がいるので、調査することも避けているのだろう。「池の主」とは大蛇だと伝えられている。湖には龍神伝説がつきものだが、ここでは巨大化した蛇らしい。村役場にある村史を読んでみると、

「小海の池に、役の行者が立ち寄った。修行していると、不動明王が現れた。この北に霊地あり。我をそこに祀れ」

という話になっている。昨日、板山で見た岩屋が、不動明王の出現を語っている。これは他の湖にもよくある龍神伝説と同様、湖底の神秘さに寄せるイメージから生まれたと思えるが、この小海の池も、「底なし沼」といわれて、今も手つかずなのか。

しかし、史実としては、和銅三年に山崩れが起こり、天平二年に、寺を板山に移した、という記録がある。板山では不動明王も盗まれて、廃寺になった、と伝えられて

いる。石像群は、不動明王の代わりに生まれたものだ、という。

「石仏さんの数は、何度数えても、一致しないいんですよ」

というから、神秘さは、今も漂っている、と思われた。

この地域は、松之山温泉をふくめて、地滑りの多い地質で、昔から地底へ。の憶測が意識から去らないだろう、と同情した。

ここを訪れた動機は、知られざる峠への関心だったが、結果は、伝説の生きている風土の発見、民話の再評価という「開眼」の旅となった。

第二部　名残の秘話

信州・南北の秘湖

野々海池

湖が好きになったのは旧制高等学校時代、松本にいた頃からで、最初に訪れたのは木崎湖だったが、その後、信州に点在する小さな湖に惹かれ、地図を見ては探し出して、行ってみた。

諏訪湖や野尻湖は大きすぎる。松本郊外の千鹿頭池《ちかとう》は小さすぎる。湖畔から一望できる広さがいい。

山中の、とあるバス停で降りて辿り着く。林間を歩いてゆく時間が楽しい。そんなあこがれを抱いて訪れ、感動したのは、八ヶ岳の白駒ノ池、志賀高原の大沼池、北アルプスでは、山上の白馬大池や双六池。谷間で川をせき止められてつくられた黒部湖や梓湖は人工的で味気ない。大正池には川の名残がある。

湖面に日が差すと明るくなり、日暮れになると、何となく立ち去りたくなるような、小じんまりした山ふところにある山湖がいい。その後、信州のほとんどを探訪したが、地図狂の私が探し出した湖は、語るに値する。それは信州の最北と最南にあった。野々海《ののみ》池と深見池。この二つは観光が普及したこんにちでも、知られざる秘湖といっていい。私が若い頃書いた『日本の秘境』以後、発見した地図上の盲点というべき存在だ。

その位置は信州を、左むきの人間の顔に例えれば、脳天にあるのが野々海池、顎か喉に近い南端にあるのが深見池である。ともに池と呼んでいるが、手頃な大きさの山上湖だ。

野々海池は信州も越後との境にある雲上の秘境だ。冬は豪雪地帯となる飯山線の一駅、平滝で降りたのは、初夏でも、私ひとり。駅の北側で、すぐ山路に入る。振り返ると、千曲川が眼下で、南は志賀高原の方角だ。森林地帯に入ると、道はS字状に何度か曲がり、三時間も登ったか。県境に近づくと、少し下りになって、その深閑さに不安が襲った。地図を見ると、海抜一〇〇〇メートルのところで、突然、左右に広がる湖面が見えた。青くて、じつに美しい。尾根上にあるような湖なのに、ブナの茂る湖畔は雲上の環境にあった。人造湖とは思えない。楕円形をした湖面は東西一キロほどか。意外に大きいのに感動した。

湖畔には記念碑が立っていた。この湖から信州側へ水路をつくった功労者は広瀬喜一郎。戦争中の食糧増産のためか。十七年もかけた努力の成果と知った。湖畔を一周しても、人家はなく、人にも出会わず、腰を下ろす所もなかった。しかし、日が差すと、湖面は明るく輝いた。

地図には北岸から越後側に通じる峠道があるので、十五分ほど歩くと、そこが県境だった。ここで信州は終わるのだ。そこは信州の最北端だった。越後側は半ば断崖のようになって、急に下っている。そこで見たもう一つの記念碑、それは戦後六年目、湖の岸に築堤の工事をしていたときの主任だった高橋統祥の遭難碑。彼は作業中、泊まっていた越後側の飯場へ下る途中、絶壁に近い山路で雨と雷に打たれて亡くなった。それは北の浦田村へ下る深坂峠だったらしいが、私が降りはじめた野々海峠も、越後側は半ば崖だった。

この湖は今も秘境というべき存在だ、とあらためて感じ入った。海抜一〇〇〇メートルという実感に心残りを感じながら、越後側へ降りた。

北の麓は「ほくほく線」の通る丘陵地帯。二時間降りれば、菖蒲《しょうぶ》という集落がある。

じつはこの地名にも惹かれて来たのだ。山腹にある旧家の一軒を訪ねると、

「ここは水が豊富でね。昔から菖蒲がよく育ってな」

という飯田家の背後には水田が取り巻いていた。ここに育つ菖蒲は野生だから、地名になったのだ。野々海池の話を聞くと、

「峠を越えて、信州側の野沢温泉まで一日で行ったよ」

ここは越後の奥地というべき一角だ。棚田のある山村だ。

「この東、松之山温泉までの間には小さい池が多い。北には小海の池、蒲生の池、鼻毛の池もある。龍神伝説もあってな」

今見てきた野々海池にも竜神伝説があり、竜王が棲んでいたという。その足跡を物語るような石があるというので見に行った。竜摺石と名づけている。空から襲ってきた龍神の仕業なのか。その石を見ると、安山岩のようだ。川の中にあって、竜に削られたようにみえる。

「野々海池の竜王は死闘したらしい」

と伝えられているというが、竜とは水神であり、山上の湖に棲んでいたのだろう。ここに限らず、水田地帯では、農民が恵みの雨を降らすために天に祈った。竜は空に巻き上がる竜巻のイメージもある。

さっき見た野々海池は神秘的だった。湖畔に人家がないので聞けなかったが、ブナの密林に囲まれた湖面を思い出しながら聞けば、

「白蛇伝説があるんだよ」

というのがうなずけた。

深見池

信州の南端に近い位置にある深見池は、明るい環境にある。北端の野々海池とは対照的だ。

ここは伊那谷の南端、二十キロ先は静岡県である。飯田線は温田《ぬくた》駅で降りる。東西から狭まった天竜川沿いの駅。南宮大橋を渡ると、南から太陽があたり、信州とは思えない暖かさだ。天竜川は諏訪湖から流れ出て、太平洋に注ぐ。その川面を見下ろしながら、西南に向かう路は五〇〇メートルほどの高さか。S字状を描いて登ること一時間で、池の南岸に着いた。右手の眼下に見えたのは、意外に小さな丸い湖面。火口湖か、と思えたが、湖畔の人は、

「地震で生まれた陥没湖です」

と聞いて、思わず、湖畔を見回した。地震といえば、中央大地溝帯が思い浮かぶ。最近は木曽御嶽と白馬山麓で起こった噴火と地震。この湖ができたのは、江戸初期のことだ。寛文二年といえば一六六二年のことだ。マグニチュード七・六の強震だった。湖畔の諏訪神社が崩壊した。地震後、埋め立てようとしたら、北側の山から、見慣れぬ一人の娘が現れたというのである。三日ほど住み着いたと思ったら、突然、雷雲と豪雨が襲った。娘は何かの化身だったのか。

「これは池にひそんでいた大蛇の仕業か」

ということになり、埋め立ては取りやめた。というエピソードが伝えられ、以来、地元の平穏を祈る祭りが生まれたのである。

町役場で聞くと、

「祇園祭りといっているので、毎年八月二十四日の行事です」

このあたりは諏訪信仰の地だが、その後、尾張の津島神社の祭りとなり、御輿を筏に乗せて、湖上を一周させる夜の行事だ。筏の上には十二の提灯を立て、祇園囃が奏でられる。湖畔では花火をうち上げる。夜の神事に感動する見物人から拍手が沸く。このあと、神社で、作物の豊凶を占う籤が引かれる。深夜まで続くこの祭りは、地元民の厄除け行事なのである。

地震の生んだ池。北岸の半僧山に登ってみた。眼下の湖面は楕円形で、東西は二〇〇メートルほどしかない。南岸には人家もあり、住む人にとっては潤いのある山上の環境だ。

「深さは十メートルしかないが、水はきれいだよ」

地下から湧水しているので、水泳は禁止だという。このあたりは粘土質で、小さな池が点々とあって、米はよく実る。地震で生まれた池の恩恵は、一キロ南で早稲田という地名になっていた。地味がいいので、早く稲が育つ。

駅に戻る途中、とりまく山を見ながら、あらためて、信州北端の野々海池とは違う暖かさを感じた。越後境にある野々海池は海抜一〇〇〇メートル。冬は豪雪でたどり着けない。同じ信州でも南端と北端で約二〇〇キロ離れている。

天竜川沿いの駅に戻って、温田という地名を見たとき、その気温と同時に、「飯」という字のつく町も、信州の南北にあることを再認識した。飯田と飯山。「山」と「田」で、バランスをとっている。

湖も南北で、対照的な魅力を放っている。

古道の峠越え

薩埵峠《さった》

東海道新幹線に乗るたびに、気になる頭上の風景がある。「頭上」とは、トンネルの上のことだ。丹那トンネルではない。駿河湾ぞいの海辺である。そこは急斜面の大地が海まで迫っていて、旧東海道と一号線と東名高速道路の三本がよりそっている。

ここでは、新幹線はレールを入れ込む余地がなかったので、仕方なく、海岸線から二キロ北の山中をトンネルで抜けている。海に迫ったこの断崖地帯に薩埵峠がある。この高みからの眺めは、古来東海道中の絶景なのだ。

薩埵峠といえば、箱根越えよりも難所といわれた地形である。歌川広重が　度ならず浮世絵に描いている。「由比」の図の前景は薩埵峠の直下である。今も断崖がそそり立つ太平洋岸だ。クルマで西の方から走ってくると、富士山がフロントガラスの正面に入る瞬間、思わずハンドルの手がゆるむ。しかし、新幹線は、この絶景を無視して地底を行く。だから、あえて、歩いてみる価値がある。薩埵という地名の由来にも興味を抱いて、私は西の方から登った。

静岡まで新幹線で行き、各駅停車の旧東海道線で興津まで戻って、西から東へ歩き始めた。歩くのは、由比までの一駅間である。興津町の東端、海辺すれすれに敷かれたレールの踏切を渡ると、たちまち急な登りになる。峠の入り口は墓地だ。薩埵という地名の由来を、訪れる者に考えさせる風景だ。

サッタとは、仏教伝来以降の梵語の音訳である。「薩埵」と書いているが、「菩提菩薩」のことである。修行して恵みを与える人を意味している。

そんな信仰がこの地で根づいたのは、この海辺を通るとき、死ぬ人が多かったからだ。断崖の下を歩くしかなかったので、旅人がしばしば波に呑まれ、恐怖の渚が「親不知子不知」の地名を生んだ。今私が歩いている眼下である。東海道の難所といわれた理由は、崖が迫って、太平洋の波がせまる地形だからだ。鎌倉時代末期には、足利尊氏がこの地形を利用して、陣を張った。

金属製の手摺をつけた道が、眼下に海をみせてスリルがある。地図を見ると、海面から直立二〇〇メートル、と思った瞬間、行く手に、見事な富士山が視界いっぱいにあらわれた。

これだ。これが薩埵峠の絶景なのだ。あらためて正面を見れば、なんと、あれは伊豆半島のダルマ山ではないか。「達磨」という名も仏教的で、この薩埵峠と「対」になる存在ではないか。この峠の下で、一号線と東海道線と東名高速の三つが並んでいる。富士を背景にしたこの絶景は、二十世紀の風景として誇っていい。関西では、明石大橋ができても、富士は見えない。ここでは太平洋の水平線の手前に日本三景の一つが見えるのだ。三保の松原が手に取るような近さだ。

私は広重の描いた東海道の浮世絵の複写を携えてきた。薩埵峠の下の風景は、由比の構図になっている。薩埵峠は興津と由比の境である。広重の「由比」の版画は二種類あって、「保永堂版」は富士を正面において、前景は、歩けそうもない岩の突き出た海岸。「行書版」の構図は、狭い渚を歩く旅人の姿が印象的だ。二枚とも海上からの視界で、沖に出なければ、こんにちでも描けない構図だ、と知って、私は立ち去りがたいひとときを味わった。

峠道ができる前は、海辺の渚を歩いていたのだ。江戸時代には三つの道があった。「下道」は波をかぶって歩けないので、「中道」を造った。さらにその奥に、「上道」

をつけた。現在ハイキングコースになっている薩埵峠道は、「中道」で、江戸時代、朝鮮使節が通るときに整備したのである。

峠の上には、過去の旅人の気持ちをしのびながら休めるように、展望台ができていた。富士が広重の絵そっくりに視界を飾っている。由比側にはクルマで登ってこられる車道があった。しかし、こちら側からくると、富士山が背後になるので、興津側から登るべきだ。

江戸時代は京都が「都」だったから、西から来た人は、ここではじめて出会う富士山に感動したことだろう。地形は今も変わっていない。頭上の空が晴れているので、立ち去りがたい気分で、海風にあたっていると、由比からクルマで登ってきた中年の婦人たちが降りた。興津の方に下るのか。西の興津側は、間近に山がせまって、富士は見えない。宿場の面影も由比に劣る。ここで富士をよく見ておくことを勧めたかった。

私は由比の宿場をゆっくり見たかった。由比の町では、断崖の上の道端にベンチを置いたりして、現代の旅人たちに配慮していた。眼下に列車とクルマが行き交う風景は、まさに二十世紀を感じさせたが、由比の宿場に入ると、途端に旅情は江戸時代に戻った。

倉沢と呼ばれる町並みである。峠の登り口に「望岳亭」があった。風雅な茶店で、文人墨客が泊まっては、海の見える座敷で語り合ったという存在である。山岡鉄舟の書が残っていて、小暗い玄関には「松永」と書かれた表札があった。今も立派な住居だ。望岳の岳とはもちろん富士山のことである。

薩埵峠の登り口には、一里塚跡があり、「江戸から一六〇キロ」の距離だと知った。ここは富士の眺めだけでなく、「倉沢の夜雨」という旅情も味わうに足ると自慢していた。説明板を読みながらメモしていると、ひとりの老人が背後から語りかけてきた。聞けば、この宿場を訪れる観光客のために、いつでも待機しているシルバー・ガイドだ。

江戸末期、一八五四年の安政の大地震のあと、薩埵峠が通れなくなり、ふたたび海辺をつたわって歩いた一時期があったことを教えてくれた。由比の宿場の住民にとっては、薩埵峠はつねに気になる出入り口であったのだ。新幹線に乗っての旅では、この峠の存在はまったく意識されない。近くにある三保ノ松原も車窓から見えないが、この峠も、トンネルの頭上で、一瞬に通り過ぎる。しかし、この東海道の起伏は、本州中央部にある「地の果ての風景」として、歩いて越える価値がある。

鈴鹿峠

明日は晴れそうだ、と期待して東海道新幹線に乗った。目指す旅路は鈴鹿峠、そこを歩いて越えたかった。

なぜそんなところに目をつけたかといえば、東海道中でこんにちいちばん忘れられているのが、このあたりだからだ。なぜなら、このあたりは北に名神高速道路があり、かつての国道一号線なのにドライバーもほとんど通らない。

この日は亀山から乗ったバスを鈴鹿峠の手前の坂下で降りて、ひとり山中の山路に入った。

峠は真空地帯のように静かで、小広い台地を見せて、江戸時代の東海道中を偲ばせるに十分な風物というべき石灯籠、いわゆる当時の常夜灯が秋風を受けて立っていた。

この峠の下で一号線はトンネルと化している。当然のことながら、旧東海道など跡形もない、私の傍らを肩すれすれに、巨大なトラックや大型ダンプが背後から駆け抜けてゆく。「歩く旅人」の悲しさを噛みしめはじめた。思うに、初老になって、なんでまた、そんな道をひとりで歩くのか、と心ある人はいぶかるが、これが本当の旅というものなのだ。好きなところで立ち止まってみる旅がいい。クルマの旅は、しばしば道中のたのしみを半減させる。

しかし、そうはいっても、国道の脇を歩く徒歩の旅は、半ば命懸けで、時々妻子のことを思う心境になり、四時間かかって、やっと旧東海道の宿場がある土山《つちやま》に着いた。

そこだけは、国道から数百メートルはなれた昔ながらの道で、郷愁にあふれた町並み。本陣の家も残っていて、十五分ほどの間は江戸時代の気分になれた。ここにかぎらず、私は来てみて、どこか好ましい宿があれば泊まってみる、という旅をしているので、この日も、宿を探したが、一軒しかない宿に、魅力を感じなかったので、次の宿場の水口《みなぐち》を目指した。

水口の手前に三軒家という、江戸時代は宿場と宿場の間につくられた〝間《あい》の宿〟で、古びた宿のひとつをみつけたので、そこに泊まった。「ますや」という名のその宿は、歩いて行く者でなければ発見できまい。聞けば、百五十年の歴史をもち「講」の看板が七、八枚も保存されていた。

そのひとつ「真誠講」といえば、明治初年にできた内国通運会社の組織した講で、看板のある宿は、その指定旅館である。こうした庶民の宿として評価された理由は、ここが大名などは泊まらない〝間の宿〟だったからである。

この宿は現在六代目で、江戸末期には一夜五十人も泊まったという。さすがに床は老朽化していて、二階で客が歩くと、足音が階下に響いてくるほどだったが、疲れていた私には宴会のにぎわいも快い酒の伴奏であった。

宿の主人、中村寛次さんの秘蔵する「一新講社定宿附」という、当時の伊勢街道旅館一覧ともいうべき折りたたみの木版パンフレットを見ているうちに、快い眠りに落ちた。

〝歩いてよかった〟というべき峠越えであった。

浮かぶ面影

会津の春宵

会津若松の春は、鶴ヶ城を引きたたせる桜に象徴される。幕末には悲劇的な最後をとげた感じの城が、毎年この季節になると日本一のはなやかさに包まれている。その桜の数は千五百本。

私はその桜の下を歩いた。城の近くの料亭で地酒を飲んだ後の夜桜見物は、みちくの風土なのに、体内が暖まっていたせいか、間近に見る桜がおぼろにかすんだ。その料亭の名も「萬花楼《まんげろう》」。いかにも花の季節にふさわしかった。その日の夜は、風のない会津盆地の大気が肌をくすぐるような暖かさであった。

この会津若松の城の下には、幕末まで武家屋敷が並んでいた。家老屋敷のひとつが今は郊外の東山《ひがしやま》温泉にゆく途中の山裾に移築されている。それは当時の殿様、松平容保に仕えていた筆頭家老の屋敷である。じつに広くて立派だ。そこにかつての家族はじめ側近の侍たちが人形姿で置かれているが、幕末という時代の変わり目に、この一族二十一人が、自刃《じじん》という最期を遂げたと聞くとき、見物客の心は当時の会津藩の悲劇に同情を寄せるのである。

この家老の名は西郷頼母《たのも》、一見母親のイメージだが、れっきとした男性。当時仕えていた会津藩主が京都の守護職をしていたので、結果は悲劇となった。幕府の将来、朝廷の運命もわからず、日本が東西に分かれて展開した戊辰《ぼしん》戦争は、会津藩に味方しなかった。

幕末の会津藩といえば、白虎隊《びゃっこたい》の悲劇に集約されている感じがするが、それだけではなかったのだ。会津の運命を見守っていたのは、東北全体であった。すぐ隣の越後も苦戦した。西郷頼母はみちのくの入り口にあたる白河でリーダーとして戦っていた。しかし、東北軍は破れた。家族はその犠牲となった。

夜も光に照らされた会津若松の城を見上げると、怨念が感じられる。この城は幕末に燃え上がった。それを無念に思ったのは白虎隊の若者たちだけではなかった。住民たちの気持ちは、百年後の昭和四十年にこの天守閣を再現させた。高さ三十六メートル。中に展示されている戊辰戦争の記録を見るとき、他郷から来た人は、あらためて当時の日本全体の内乱の功罪に思いを馳せる。春はとくに訪れる人を感傷にみちびくのだ。それはこの城の下の桜が美しすぎるからだ。

白虎隊の最後の舞台となった飯盛山から、この城を見たい、と思う人は多い。私も行ってみた。町の北の方から遠望するこの鶴ヶ城は、あの日も見えたのだ。敗色を意識したのか、「ああ、降伏した」と思ったのか、十九人の若者たちは自刃した。これは落城より一ヵ月も前のことだけに、同情する。

会津藩の敗北は、旧暦の九月下旬だったが、その日を偲ぶには、桜花の散り始める季節の方がふさわしい、と私は思った。

狐の嫁入り

会津盆地から日本海に流れ出る阿賀野川沿いに西へ向かった。その中流にひそむユキツバキの花は、五月が花盛りだ。太平洋岸の、ツバキを見慣れた人には、サクラとともに咲き乱れるこの花の美しさに驚くだろう。磐越西線は津川駅で降りる。じつに立体的な川岸で、眼前に借景のようにそびえるキリン山を見下ろす温泉宿が、このユキツバキを育てている。

南国的なヤブツバキと違って、雪に耐える枝は低く垂れ、白い花は珍しい。聞けば、赤い花が突然変異で白くなったので、品種を改良してきたというが、雄しべが花弁に変化したので、五弁ではない。バラのような花びらで、黄色い。

「サクラとちがって、近づいて一つ一つの花を観賞してください」と、宿の庭に、二万本を育てた古沢屋の主人はいう。このユキツバキが咲き始める四月下旬は、遅咲きのサクラも満開となり、奥越後は春爛漫である。

毎年、五月三日には、津川の町で「狐の嫁入り」という異色の行事もおこなわれる。狐は、かつて、この宿の背後にそびえるキリン山に棲んでいたといわれ、山上にあった城は、「狐戻しの城」とよばれていた。江戸時代から、この山の眼下の川面に湧く霧が印象的で、気温が上がると「狐の嫁入り」を思わせる情景になるので、地元では、ユキツバキとともに、この霧の魅力をたたえている。

幻想的なこの自然現象を、津川ならではの郷土の風物詩にしたいという発想が生まれ、一九九〇年から、独自の行事に仕立てた。毎年、結婚予定の男女を旅行者からも募集する。きつねの仮面をつけた花嫁たちが、霧の湧く川面で祝福を受ける。花婿は、城山公園に待っていて、花嫁が供侍を連れてしずしずとやってくるのを迎える。河川敷におかれたドライアイスが、幻想的な霧を演出する。供侍だけでも八十人という花嫁行列。この日を期待して見物にきた観光客は感動した。

「狐の嫁入り」とは、異色の発想だ。これは不思議な天然現象から生まれたものだ。「天気雨」とも、「風花」ともいわれて、雨が風に流されて、雲が急に消えて、幻の花嫁行列のように見えたらしい。空中の雨粒が太陽の光を受けて、虹が出るので、これを「狐の嫁入り」と呼んだのか。この阿賀野川の中流が生んだ、自然の奇景か。

津川という町は、名の示すとおり、江戸時代から「川の港」だ。当時は五百隻の川船が往来していた。いまも「阿賀野川ライン」とよばれる川船下りが楽しめる。この間、三川から咲花《さきはな》までの間は、磐越西線に乗っても、旅情が湧く。五月のレールの左右は、芽吹いたブナの山肌が心を和ませてくれる。川を見下ろしながら走る車窓の眺めは、わずか十五分だが、北側の車窓から見える残雪豊かな飯豊山とは、対照的な春の絶景である。「咲花」という駅名を見たとき、花を求めて、途中下車したくなった。

しかし、この駅を過ぎると、阿賀野川は越後平野に出て、急に視界がひろくなる。五泉の駅に列車が入ると、なつかしい蒸気機関車が停まっていないか、と思わず、ホームに目を向けた。

初夏のささやき

小梨平

上高地は、最近訪れてみても、意外に俗化していないのがうれしい。というのも、ここは私の青春時代の憩い場だったからだ。二十歳前の二、三年、じつによく行った。太平洋戦争中のことなので、もう半世紀ちかくも前のことだが、当時は徳本峠《とくごうとうげ》を歩いて越えて行った。何度も越えた。

梓川《あずさ》に沿う谷間の車道とちがって、今でも一日ちかい徒歩を強いられる島々谷経由の山路である。しかし、そこを歩く価値は、峠の上で見る穂高岳のすばらしい眺めにある。その感動は半世紀前と少しも変わらない。

徳本峠は高さ二一三五メートル。樹林のなかの急坂を登ってゆくと、行く手が突然平らになり、眼前に、明神岳と前穂高岳が視野いっぱいに入る。その穂高は三〇九〇メートルだから、鑑賞するのに申し分のない展望台というわけである。

その距離もわずか六キロの近さ、人間が鳥ならば飛んで行きたいような気分にさせられる。その眼下に徳沢《とくさわ》という高原状の窪地がある。

徳沢は上高地の奥にあたる自然環境である。初夏はケショウヤナギの林が初めて訪れる人の目をひく。名のとおり〝化粧する柳の木〟で、近づいてみるとわかるが、花穂がたくさんついていて、白い粉をふいている。一見、綿のような毛が散ってゆくのをみると、なるほど〝化粧柳〟とは、よくつけた名である。

はじめて、その不思議な樹を見たのは、旧制松本高校に入学して、山岳部員としてここにはじめて来たときだった。

「北海道の十勝と日高にはあるが、あとは上高地にしかない珍しい樹だよ」

と先輩が教えてくれた。以来、忘れられない樹となった。徳沢というところは今も昔の面影を残している。高校生時代は穂高岳のふところにある涸沢で合宿をしたが、そこへゆく前に、数日間は足馴らしと重い荷物に馴れるための訓練として、上高地との間を毎日往復した。

上高地と徳沢の間を歩くと、今でも、小梨の花が林を彩っている。河童《かっぱ》橋の少し上流を昔から小梨平とよんでいる。

「小梨というのはズミのことずら」

と教えてくれたのは徳沢の山小屋の主人であった。ズミという発音をはじめて耳にする人は、おそらく、こんな美しい白い花を咲かせる樹を想像しないだろう。上高地の人は、じつに詩的な発想をするんだなあ、と若い頃の私は感心した覚えがある。

先年、久しぶりに訪れた上高地は初夏の季節だったので、小梨が咲き、一見平凡な林が夏とはちがう感じでせまってきた。日本アルプスのなかでも、この林の風景は独特である。

「秋になると、小さいリンゴのような実がつくよ。授業さぼっても、来まっしょ」

歩きながら、私の耳によみがえってきたのは、河童橋の傍らに建っていた宿の主人の声だった。いまの「白樺荘」は当時「丸西《まるにし》」と呼ばれていて、われわれ高校山岳部員の、雨の日の常宿だった。

夏なら、この小梨平はキャンプのテントが並んでにぎわうところである。見上げると、前穂高岳が雪の斜面を空へ向かって突き上げている。海抜は一五〇〇メートルもあるので、初夏でも朝夕は寒い。ホトトギスが鳴くと、さらに寒さが加わる感じだ。梓川の水に触れてみると冷たさが全身に伝わった。

それでも六月には、毎年、ウェストン祭がひらかれるので、その日だけ人が集まってくる。徳本峠を越えてくる人もいるのがうれしい。山支度のととのった人が目立つ。日本アルプスに登ってその魅力を世に伝えたイギリス人、ウェストンの功績をたたえてその横顔をレリーフにして上高地の一隅にはめこんである。河童橋から右岸を二十分ほど歩いたところにある。しかし、日本アルプスという名をつけたのはガウランドである。同じイギリス人だが、ウェストンだけが妙に有名になってしまった。槍ヶ岳の麓ならば、地元の播隆《ばんりゅう》上人の功績も忘れては困る、といいたい。

槍ヶ岳の開山者といわれる播隆上人の像は松本駅前に建っている。私はこの像の方が好きで、松本へゆくたびに必ず敬意を表しているが、この修験道のパイオニアの像は徳沢あたりに移して、槍ヶ岳登山者の守護神にしてほしい。

私は大正池を間近に見たいと思って、下流に向かって歩いた。ウェストンのレリーフから少し下ると田代池がある。この一帯も意外に自然が保たれていてよかった。しかし、大正池は焼岳という火山が〝自然〟を変形させてしまった。自然を壊すのは人間だ、といわれるが、じつは自然自体も壊すのである。

私は二十歳前後に焼岳に三回登った。大正池の湖形も変わってしまった。大正四年に梓川がせきとめられてできたので「大正池」とよばれているが、その後、土砂が入って形が変わり、湖面も縮小していたので、平成時代にその名を改めて、「平静湖」と変えておいた方がよかったと思うのである。

なぜなら、焼岳の噴火を鎮めたいからである。平成と同じ発音の、平静は火山の鎮静化にふさわしい表現ではなかったか。

八海山の麓

五月は毎年春の山菜が美味な季節。

雪解け水が音を立てて流れる山のふもとを求めて旅に出たくなる。私もそんな欲望をもつひとりである。

そこで訪れたのが越後の八海山のふもと。越後といっても、ここは上越新幹線ができてからは意外にちかい。そして、そこに惹かれた動機は八海山という山のすばらしさだ。この山はむかしから山岳信仰の対象で、ひときわ高く、新幹線の開通前は上越線からじつによく見えて、今も旧線に乗れば、春はとくに壮厳といっていい残雪の山肌が車窓にひろがる。

その山を仰ぐのに絶好なのが六日町である。六日町には昭和三十二年から温泉が湧いているので、雪のある季節でも大地が暖かい感じである。湯量は少ないので温泉を引いている宿は限られているが、そのひとつ「ホテル木の芽《め》坂」に泊まってみると、その名がまさに山菜を連想させてくれて、うれしかった。

「何が採れますか」

と聞けば、「木の芽」とはこのあたりでよく育つアケビの新芽のことだと教えられ、再認識させられた。アケビというと、秋に実る大きな果実の方がすぐ頭に浮かぶが、春のアケビの芽はじつにうまい。これを八海山麓では木の芽の代表にさせているのである。

五月上旬だった。私は東京から高速バスに乗ってやってきた。新幹線はほとんどトンネルなので、バスの方が車窓がたのしめた。泊まったホテルの窓からも八海山がガラス窓いっぱいに入って、じつに絵画的だ。

しかも、山裾はみどり色をみせ、山菜が毎日のように新芽を出していそうだ。翌日、八海山の登山口を目指した。魚野川が南北に流れている六日町一帯は南北も山でかこまれた四角い盆地で、すぐ山にぶつかる。

八海山の登山口はその名もまさに「山口」とよばれる集落で、平坦地が終わるところに山岳信仰で今も人を集める八海山神社がある。老杉が見上げる高さに育っている。

この辺りの山は山菜の宝庫だといわれる。

さっそく、山路に入ろうとしたが、その入り口にある食堂の前で足がとまった。昼すぎなので、ここで腹ごしらえをしよう。

入ってみると、そこの主人は、そばつくりの名人であった。名刺をもらうと「手打そば師」という肩書がついている。

「そばのつなぎはヤマゴボウです」

そのヤマゴボウという植物をはじめて私はみた。いわゆる根を食べるゴボウではない。これは認識を改めさせられた。ゴボウといってもこの植物は葉の方を乾かしてそば粉のつなぎにつかうのである。

「お灸のときに使うモグサみたいですね」

と私は思わず言った。これに海藻の一種である布海苔《ふのり》を混ぜて液状化したものを、いわゆる〝ツナギ〟に使うのである。

「二八そばは、八〇パーセントがそば粉ですが、二〇パーセントの方をつくるのがむずかしいんですよ」

と村山福重さんは言った。見れば、そばの傍らに添えられた数々の山菜。すぐわかるのはコゴミやウドだが、はじめて目にするものもある。

「毎年五月十日すぎになると、山菜が勢ぞろいしますよ」

モミジガサやコシアブラとよばれる珍しいものもあるという。

「コシアブラの若芽はテンプラにしたり、ゴマであえるんです。加工しなくてもおいしいせいか、カモシカやサルが食べちゃってね」

それで、採りにゆく時期が逸せないのであろう。私はこの樹の黄葉は美しいと聞いたことがあるが、山菜とは知らなかった。ウコギ科の植物で、大木になると樹皮から〝金の漆〟といわれる塗料むきの液が作れるところから、コシアブラの名が生まれた。

「コシ」は越後の越ではなく、「漉」すからである。

そばつくりの名人は山菜採りのベテランでもあった。「木の芽」といえばアケビの若芽をさすことを昨日知った私としては、ゼンマイやワラビといった一見見馴れた山菜についても認識を改めさせられた。

「ワラビもじつは、一見育ちすぎて堅いとおもわれるものの方が先端がやわらかいんです」

短いワラビは堅いという。そして、長いのと短いのを二つ並べて試食させてくれた。

それで納得できた。

「タラの芽の採り方は？」

と聞くと、一本の幹から数個とれるが、かならず一個は残しておくことだという。全部摘んでしまうとその木は死んでしまうからである。コシアブラにも同じ配慮が必要だという。「球根でないものを採るにはエチケットが必要です」と村山翁は山菜採りの人々に対して、種族保存のために忠告しているという。

「あの辺りが山菜の宝庫ですよ」

と指す辺りは八海山からの雪どけ水が豊かそうな山肌で、

「雪が毎年深いので、根曲がり竹もおいしいですよ。それは瓶づめにしておくと変質しません」

と保存法まで教えてくれた。この「八海会館」と現在呼ばれている建物は、かつては信仰登山者の足だまりで、宿坊代わりの存在だったことがわかる。修験道の行者の末裔かと思われる村山翁は、夏の八海山神社の祭りもぜひ見に来い、とすすめた。

「里芋祭りというのがありますよ」

これは山菜ならぬ初秋の味覚。葉のついたままの里芋を背負ってきて願をかける伝統行事が今もつづいているという。八海山麓には四季食べものの魅力がある。

「御神体」の山路

守屋山

守屋山の頂からみるアルプスの姿はすばらしい。眼下に諏訪湖が低く沈み、この山の高さが一六五〇メートルとは思えない雲上にいる気分にさせてくれる。

今日は冬のはじめ、西北の空に並ぶ山々には新雪がかがやいている。日本アルプスの心臓部の山々は、左から乗鞍岳、穂高岳、そして槍ヶ岳と、青空から浮き彫りにされて、まことに彫刻的である。

この山の頂は、今日も晴れた頭上をみせて、私を迎えてくれた。というのも、私は、学生時代に一度、そして昭和四十年代にも一度と、すでに二回登りに来ている。今日は三回目だ。いつも晴れている。

今登ってきた方角へ目を移すと、指呼の間に甲斐駒ヶ岳、そして仙丈ヶ岳、その東には富士山が見える。西南の方向には、伊那谷をへだてて木曽駒ヶ岳がひときわ高く、御嶽はさらにその背後に大きくそびえて、純白にちかい山頂を左右にひろげている。

しかし、この山の魅力は、頂からのこうした眺めだけではない。私は、今日登る前に、ふもとの諏訪大社を見てきた。この山は、諏訪大社の〝御神体〟なのである。

諏訪神社といえば、全国に一万以上の末社があるという古代からの信仰の対象である。その発祥の地がこの山の麓である。いや、麓に諏訪大社を建て、本殿は造らずに守屋山自体を御神体にしたのである。

この諏訪大社の「上社本宮」には「御柱」が立っている。いまでは行事として、有名になった「御柱祭」のシンボルである。七年に一度しか行われない行事だが、奉納した「御柱」の方はいつでも見られる。

大社の入り口に、「本宮一御柱御用之綱」と書かれた巨大な注連縄がある。目方は二五〇キロ、長さは四〇メートルとある。「御柱」にするのはモミの木である。その高さ十五メートル、寅年と申年に立て替える。この行事のある年だけはにぎわうが、あとはじつに静かだ。人一人訪れていない初冬の一日、私は見上げる高さのモミの木の肌を触わってみた。

八ヶ岳の中腹の原生林から伐ってきて、この大社まで運ぶのが神事なのだ。数千人の氏子が巨木を曳いて奉納する。その諏訪大社の背後、高部という集落から登山道がある。振り返ると、諏訪湖が見え、S字状を描く登りが杖突峠までつづいている。この峠での眺めはいつ来てもすばらしい。戦国時代は甲州と伊那谷を結ぶ間道として利用されていたので、江戸時代には旅人もよく通い、この峠の茶屋で休んでは、下から手にしてきた杖を捨てて、伊那谷へ下って行ったので「杖突峠」の名がつけられたのである。

峠から少し下ると、守屋山への登山路がある。間もなく、カラマツ林に入った。初冬は黄金色になった葉が、音も立てずに山路に散っている。歩くと、柔らかな敷物のようで感触がこころよい。

守屋という文字は、最初「洩矢」と書いた。次いで「守矢」となったらしいが、狩人の命名であろう。鹿を射止めるのに使う「矢」を守る「守矢」を名乗る氏が、この神社の祭紀を昔からつかさどってきたという。頂上の手前の東峰に石の祠があった。諏訪大社の奥宮である。これが〝御神体〟か。その昔、毎年七十五の鹿の頭を神前に供えるというしきたりがあり、その中にかならず耳の裂けた鹿がいたという伝説を思い出させるような山道であった。

旧碓氷峠

信州を斜めに横切っている街道の中山道というと、人がよく話題にするところが決まっている。東の方では軽井沢のあたり、西の方では木曽路がもてはやされる。

木曽路の出口は馬籠の宿で、ここは島崎藤村ゆかりの地なので、いち早く有名になり、多くの人が訪れているが、中山道の東の出入り口の方はほとんど話題にならない。そこは上州との境で、「峠」という、一見、固有名詞とは思えないような数戸の集落がある。こんにちでは忘れられたような分水嶺の高みである。

この峠は、旧軽井沢の町から上州の方へ向かう途上の県境である。軽井沢の町より高い海抜一二〇〇メートルの山上の、数戸の集落なので、路線バスもない。夏も涼しい風を肌に受けながら、私は江戸時代にここを通った大名行列の情景を偲んだ。

江戸時代の足跡でも残っていはしまいか、と茶店の前の山肌に誘われるように近づいてみると、そこにひとつの石碑が立っていた。それには暗号めいた漢数字が三十字ほど刻まれていた。

四四八四四　七二八億十百三九二二三
四九十四万万四　二三四万六一十

この旧碓氷峠は関東と信州の境ならば、東海道の箱根以上の難所。この判じ物めいた文章が読めなければ、通してもらえなかったのか、とミステリーに毒された現代人らしい感想を抱いたが、茶店で餅を食べながら聞けば、これは五七五七七の音韻に直せる和歌だと知って、そのアイデアに感心した。解読すると、

よしやよし　なにはおくとも　みくにふみ
よくと読まし　ふみ（文）読まん人

地元では「弁慶数字の歌」と呼んでいた。弁慶がこの峠を通ったという事実はないが、箱根越えにはない優雅さが、ここにはあったのだ。

峠の見晴台の入り口にある茶店の前にも一基の石碑があった。これも「数字の碑」で、

八万三千八三六九三三四七　一八二
四五十三二四六　百百四億四六
三十一文字に直すと、
山道は寒く淋しな　一つ家に
夜ごと身にしむ　もも夜置く霜
漢数字を暗号に使わず、和歌にしたという感覚はさすが信州だ、と私は感じ入った。他の峠とは違って、ここには昔からの「社家《しゃけ》」の生活が漂わせてきた一種の霊気が伝わってくる。
県境にあるのは、風雪に耐えてきた感じの古い神社。それは古来の国境を象徴させている。西側の那智宮は信州の地籍、東側の新宮は上州の地籍、中をとりもつのが、熊野皇大神宮である。この神社の前には、今も力餅を売っている峠の茶屋が二軒あり、店の本家も神主である。水沢家、曽根家は「社家」である。この上州との境には、いちはやく熊野信仰が根づいたのだ。
「天明三年には五十九戸もありました」とのこと。明治五年でも四十軒あった、と聞くと、時空を超えた旅情が湧いた。

みちのくの花

柳津の桐

みちのくに住んでみると、四季というものが、はっきりと感じられる。それは仙台のような半ば都会化した町でも、そうなら、より自然にちかい土地では、春夏秋冬が、つねに意識されるにちがいない。

その四季で、私が語りたい花といえば、遅い春を象徴するような「雪椿」、初夏は会津や南部の田園をいろどる「桐」の花、夏は「紅花」。そして秋は「千代萩」で名を売った「萩」の花である。

みちのくの春といえば、柳田国男が「雪国の春」というとらえ方で、この北辺の地に住む人々の爆発的なよろこびを表現したが、私は人一倍旅をして、都会よりも自然のなかで四季を味わってきたので、同じ春でも弘前の桜よりも、奥会津の谷間に咲く桐の花をたたえたいのである。

花だけではなく、戦後は〝材質革命〟で話題にならない樹のひとつに「桐」がある。しかし、桐といえば、みちのくでは、会津桐と南部桐をほこり、南部桐といえば、いまも岩手県が「県の花」にしている。

桐のタンス、桐の下駄。それは紅花とはちがって、もっと庶民的な娘たちが、嫁入り道具として珍重し、会津などでは、娘の生まれた家ではかならず屋敷周りに桐の木を一本植えて、嫁入りの時期までに育てて、タンスをつくって家財道具の〝モト〟にしたのである。

そんな桐が一面に育っている畑を見たのは、会津盆地の西隅であった。会津若松には大学時代の親友がいて、いまも訪れるたびに地元の人と話す機会がもてるが、そんな友人がいちはやく教えてくれた桐の宝庫は、只見線とよばれるローカル線の車窓からも見えた。

五月中旬であった。桐の花はあの独特な紫色をみせて塔寺《とうでら》とよばれる駅あたりから地表をかざっていた。会津柳津といえば、厳冬の裸祭りが有名で、それを見に来たときには、桐の花の話は出なかったが、初夏の柳津には桐の花が目立った。

只見川がそこで立体的な川面となり、崖上に昔ながらの虚空蔵菩薩を祀ったお堂が弘法大師時代を思わせ、桐の里にふさわしい眺めであった。

風がなかった。会津盆地も、ここでは西風が防がれている地形であった。

「風がないので桐が育つんです」

と柳津の人は言った。しかし、同時に、桐の木はある程度の寒さを必要とするようだ。南国の樹ではない。その後、茨城県で聞いたところでは、風がつよいので、桐の育ちはよくないと言っていた。「南部桐」もその後見たが、あれは岩手県の陸中海岸にちかい海辺であった。気象の条件では会津桐には劣るようであった。

桐は、花よりも幹の方に価値があるせいか、花をよく観察する人は意外に少ない。しかし、よく見ると桐の花はじつに芸術的だ。その色も独特だが、匂いがまた強烈だ。この花の匂いを嫌う人は多いらしいが、桐の花といえばむかしから家紋になり、校章などのシンボルになっている。

「梧桐」というのはアオギリで、ふつうの桐とはちがう。坪内逍遙が書いた戯曲の題『桐一葉』は、「梧桐」のことで、葉も大きい。タンスや下駄にする桐はその目的で育てるのである。会津桐は、いまや再評価され、稀少価値をほこるものであった。

「タンスや床の間のよさが見直されてきたので、はりきって育てています」

という声にも、ハリが感じられた。琴の胴もつくるとのことである。

「桐の下駄も、やわらかいのが特徴で小石がつまることによって丈夫になるんです」

樹高は十五メートルにもなり、湿気に強いので、日本の楽器用には最適の材質なのだ。桐を育てている農家に聞けば、

「二十年経つと直径が一尺になります」

桐の木は断面に出てくる年輪でその価値がすぐわかる。年輪の間隔が広すぎるのは安い。

「目の数は二十八が最もいいんです」

目の数が多いのはよくない。四十くらいのものを私はみたが、四、五十年育てないと「二十八」にはならないのだそうである。

「これは三五〜六年経っていますが、十六ですね」といわれて近づいて見た桐は、直径一尺以上あったが、「桐一葉」ならぬ、「桐一本」の価値は、幹を触っただけではわからなかった。

昔は、原木自体を売っていたので、安かったが、戦後は加工の仕方で高く売れる。今はタンスが評価され、付加価値が高まった。夏でも、朝霧と夕霧が立ちこめる只見川べりは、桐のふるさとのようであった。

山形の紅花

染料の紅は、紅花《べにばな》から採る。染料といえば草木染が稀少価値となったこんにちでも、紅花は栽培されている。私が見た紅花の花園は、みちのくの遅い梅雨空のもとで、黄色い花を一面に咲かせていた。紅といえば昔から京都に売りに出されて女性に愛用された染料だが、いまも昔もそれを育てているのは、山形県である。山形県も奥羽山脈のふもとにちかい漆山《うるしやま》地方。さっきまで蔵王の北端が見えていた。

ゆるやかに北にむかって傾斜した土地に一面咲いている花は紅ではない。黄色いアザミのような花の群れ。花を手で揉んでみると紅になる。紅はかくされた色彩である。

紅花は最初、インドかエジプトから移植されたという。梅雨時に紅花は育つ。春に蒔いて、夏の終わりには花を摘む。『源氏物語』に「末摘花《すえつむはな》」と書かれたのは、この紅花のことである。

花弁の部分だけをうまく摘みとるのが女性の仕事。それもなかなか楽ではない。なぜなら、朝早く起きて摘まないと、アザミのような花なので、トゲが指に刺さって痛いからである。

末摘花は、朝摘む花でもある。

キク科の一年草だから、私も種子をもらって庭に蒔いたことがある。武蔵野を蔽う関東ローム層の土壌ならば酸性だから、見事に花を咲かせてくれた。わずか三本だったが、すくっと数十センチの高さを保った。

切畑《きりはた》、平石水《ひらいしみず》とよばれるこの山形盆地の一隅では、昔から最適地というだけあって、高さ一メートルにまで伸びる。下から霧が湧いてくる地形がさらに発育をよくして、いまも商品として出荷される。仙山線の高瀬駅の南である。

〝花餅〟とよばれる紅色のダンゴ状のものが染料の原形である。花をつぶして、揉み、摺るの三段階で黄色が見事に紅と化してゆく。家庭の主婦もこれを見ると、わが児のように微笑んでいる。

米沢にいる新田秀次さんが、紅花を染める技術者として無形文化財的な存在である。紅花にいろいろな草木をまぜて独特な色を出している。阿波の藍玉をまぜると紫色になるという。梅の実のくんせいである烏梅《うばい》の酸のなかに入れると、紅花は中和して桃色になるという。

「島津藩でつくった鎧《よろい》の糸の色はすばらしいものです」

と新田さんは言った。クルミをつかうと渋いグレイの色が出るという。紅花は江戸時代から山形で採れて、京都へ送られた。

紅花は最上川を下る船に乗せられて酒田港から日本海上を揺られ、若狭に荷上げされて、京都で加工された。紅花が口紅にも用いられたのは、この花が一見毒々しく見えながら、じつは薬草だからである。自然に体内に入ると造血剤にもなる。

夏になると、仙台の七夕とともに山形の花笠踊りが毎年人を集めるが、この花笠踊りもじつは紅花をたたえたものなのである。

山上での会話

木曽駒ヶ岳

歩かずに頂近くまで登れるアルプスの山として、木曽駒ヶ岳は雪深い季節でも訪れる人が多い。同じ木曽でも御嶽の方は、中央線の車窓からはほとんど見えないのに対して、この駒ヶ岳は伊那谷の方から見ると、まるで槍ヶ岳を思わせる姿で、麓を通る人の視線を上へ向かせる。木曽谷よりも伊那谷がほこる名山である。

私は戦後間もない頃、木曽谷から登った。これは裏側の登路なので、今も一日がかりである。

歩かずに登れる、と言ったのは、東の伊那谷側に昭和四十年以後はロープウェイが架けられ、三〇〇〇メートルにちかい頂のすぐ下まで、脚を使わずに運んでくれるからである。雪の高山をおそれる人も、ロープウェイがあるなら、というわけで、冬も訪れる人が絶えない。しかし、山頂の春はおそい。幸いにして、頑丈でしゃれたホテルがロープウェイの終点に建っているので気軽に訪れるが、山上の世界はまだ雪にとりまかれている。

「正月に来たときは、富士山の肩から太陽が昇ってね。日本一のご来光でした」

そんな感想を語った客は、若い学生風だったが、すっかりこの山に惚れ込み、また来たのだという。五月の連休はまた正月とはちがった眺めと山肌の魅力がある。

それは、麓の伊那谷一帯がすでに春たけなわであっても、ひとたびこの山上を目指すと、視界の変化が五分ごとに、春から冬へと逆戻りしてゆくからである。麓は駒ヶ根とよばれる名のとおり、駒ヶ岳の根元にある町から始まり、千畳敷とよばれる山上のホテルで終わる。その間、バスとロープウェイでわずか一時間、日本にはめずらしい旅情があじわえる。一口にいえば、伊那谷から急にそびえる形のこの山ならではの、植物の変化が印象的なのだ。伊那谷の北の隅、高遠城址ではヒガンザクラが満開の季節、この山に登ってゆくと、一五〇〇メートルの高さまではカラマツの芽吹き、二〇〇〇メートルまではシラビソの衣替え、二〇〇〇メートルを超えると、同じ針葉樹でもトウヒやコメツガになり、ロープウェイの窓の直下に見える樹々が登るにつれて違ってゆくのが手にとるようにわかるのである。

「あっ、カモシカがいる！」

と叫んだのは、若い女性。カモシカがよく水を飲みにくる滝がこの中腹にはある。カモシカは海抜二五〇〇メートルより下を、よく駆け回っている。

ロープウェイのある山ならば途中の山肌が俗化してはいないか、と心配する人の想像に反して、ここでは自然保護に努力していて、昭和五十年からはマイカーを乗り入れさせない。ロープウェイの乗り場までゆけるのは、バスとタクシーだけに限っている。「しらび平」と名付けているロープウェイの乗り場のあたりはカラマツの林で、芽吹きが美しい。そして乗るロープウェイは長さ二キロ以上もあり、高さの差が九五〇メートルというのに、なんと七分三十秒で満員のゴンドラを引き上げてくれる。秒速は七メートルという速さである。

「あれはハイマツ」

と感動する声は、終点ちかい山肌を窓外に見たとき起こった。五月でも雪深い山上なのに、ハイマツだけはみどりだ。

ロープウェイの終点は、外装もあたらしい山小屋風なホテル。「千畳敷ホテル」の名は、この場所が頂のすぐ下にある千畳敷という凹地の一角だからだ。地質学的な表現では、カールである。カールとは氷河の残した半円形の沢である。それは西北季節風をさえぎってくれるので、雪が解けると毎年高山植物の群落地帯となる。

この山にロープウェイがつけられて間もない昭和四十年代、夏のある日登った私は、ここで一面に咲くバイケイソウを見たことがある。千畳敷ホテルの支配人、木下さんに聞くと、

「毎年は咲きません。来年か再来年でしょう」とのこと。植物も変化するなら、住んでいる人も楽しいだろうと、羨ましく思った。

「花崗岩の山ですから魅力がありますよ」と木下さんは地質にも興味を持ってほしい、と言った。いわれるまでもなく、一見槍ヶ岳に似る宝剣岳というピークも、槍ヶ岳とはちがう岩質で、花崗岩は麓までその特質を発揮している。たとえば、山麓にある切石という存在。これは巨大な石が二つに割られているが、これもカールにあった花崗岩が流されてきたものである。

「凍みこんだ水が石を二つに割ったんです」と木下さんはわかりやすく説明してくれた。日本でみられる氷河時代は二〇〇万年前から始まり、十万年周期で七回ほどあったといわれ、氷河が溶けると山は氷の重さから解放されてその高さを伸ばし、今でも少しずつ上昇しているのである。昔は地底にあった花崗岩が、こうして地表に出てき

たというわけである。

「空も澄んでいて見事ですよ」

と木下さんは山肌だけでなく、頭上の自然も讃えた。平成の時代とともに、改築された感のあるこのホテルには、天体望遠鏡が新たに設置されて話題を呼んでいる。正月元旦、この山から見る富士山の頂に太陽が出るというので、天体望遠鏡は存在価値をほこっている。

「しかし、六月頃がいちばんいいですよ。お客さまも少なくて静かだし、しかも意外に天気がいいんです」

と木下さんは言った。幸い、今日も快晴だ。まだ春は遠い感じの山上だが、宝剣岳は青空から浮き彫りの感であった。

越中・立山

立山といえば、明治以前は〝信仰〟の山だった。三〇〇〇メートルの山容は夏でも雪を残して、その姿は今も変わらないが、戦後は気軽に登れるようになった。「立山黒部アルペンルート」と称するコースができて、ロープウェイとバスでハイヒールの女性も足を汚さずに行けるのである。

しかし、幸いにして、自然保護が行き届いていて、山頂付近は意外に俗化していない。バスが発着する室堂《むろどう》から十五分も歩くと、もう人影もまばらで、火口湖のミクリガ池の青い水色は昔のままのようだ。その湖のほとりに建つ一軒の温泉宿に泊まって、夏の終わりの一日を楽しんだことがある。

海抜二五〇〇メートルを超えているこの山上では、気圧が平均七六〇ミリバール、沸騰点も地上とくらべて低く、九二度である。

「お酒を飲むと、少量でも酔っぱらいますよ」

と教えてくれたのは、この山上で長年自然解説員をしている荒崎武雄さんであった。立山の自然に精通しているこの人と、翌日、私は一緒に山路を歩いた。

「立山という名のピークはないんですよ。雄山《おやま》、大汝、富士ノ折立の三つを総称して昔から立山というんです」

そのひとつ雄山まで登ってみた。日本海から風も吹き上げてくるこの山頂の夏は短く、もう秋の気配である。それでも高山植物の名残が目をひき、足をとめさせる。

「室堂平には二八三種の高山植物が咲いている、という精細な調査をした方がいます」と荒崎さんは言った。タテヤマの名がついたリンドウは有名だ。この花は小さな紫の花弁をみせている。

「この花が開いていれば、雨は降りません」

とのこと。天気の予測ができる花として江戸時代から山岳信仰で登る人たちも話題にした高山植物である。

雄山のピークが霧から晴れ上がったとき、雷鳥の姿が見えた。今や希少価値の天然記念物である。

「風もないのにハイマツが揺れているのは、そこに雷鳥が隠れているからです」

夫婦仲がいいらしい。本州全域でも約三〇〇〇羽しかいないが、メスに対してオスの数が倍もいることから、つねに女性争奪戦がおこなわれているのである。

雄山の下には一年中消えない雪がある。

「もうそろそろ新雪がきます。毎年九月二十日ごろです」

と言われて、思わず空を見上げる。冷えてきたので、湯煙の立ちのぼる地帯を目指した。

立山は火山なのだ。そして生きていると、思った。

秋を味わう山麓

手向山

奈良の若草山も、ウィークデイの朝はひと気無く、静かだ。

私は朝露を肌に感じながら、斜面を登った。

草はまだみどりを失っていない。午前九時三十分。この山は入山料をとって、朝から夕方まで登らせてくれる。

夏に訪れたときは、暑くて登る気はしなかったが、毎年夏の間は登山禁止である。

「柴が傷みますやろ」

昨夜泊まった宿の人はそういった。修学旅行には欠かせない借景であっても、一年中開放すれば山肌もいたむ。さいわい今日は晴れて、踏む山肌も秋のせいか、潤いを感じる。猿沢ノ池から歩くと、若草山の登山口は東方の麓にある。登るにつれて奈良の町がすこしずつ大きくなり、東大寺が右手に屋根を見せる。

この山は毎年一月の厳冬に山肌が焼かれる。十二月から三月いっぱいまでも入山禁止である。それだけに、今日の天候と午前中の静かさが身にしみる。

三十分ほど山腹で休み、眼下の手向山《たむけやま》八幡宮の過去を想像した。降りてゆくと、門前の茶店は人待ち顔で、鳥居を前にして位置もよい。ひと休みした。すぐ先は三月堂だが、この神社は、南のこの鳥居から入ってゆく感じがいい。

「今年の紅葉は色がいい、と言うてはります」と茶店の人は言った。手向山といえば「百人一首」にも詠まれている紅葉の名所である。

このたびはぬさもとりあへず手向山
もみじの錦　神のまにまに

菅原道真の歌である。境内は意外に樹木が多い。しかし、この神社は最初、東大寺のそばにあったのを移したのである。今ある位置は鎌倉時代になってからで、神社の建物も元禄時代からのものである。東大寺の前の鏡池のほとりから移したというが、それでよかった。今の鏡池の周りは味気ない。手向山といえば、歌にもあるように、紅葉する樹林があるべきだからだ。

手向山神社の北側は、境目がない感じで三月堂につながっている。ここには価値ある仏像があるので、奈良へ来るたびに、素通りはできない。そこで入ってみる。いつもそうだが、入ってもしばらくの間は、暗くて仏像がよく見えない。五分ぐらい経つと、不空羂索観音が暗い背景から浮かび上がってくる。そして左右の日光・月光菩薩の像が妙に白いのに気づく。

幸い、二、三人しか見物客がいないので、十分ほど立ちすくんで暗い堂内で過ごした。ここを出ると、誰しも少し気分が昂揚し、隣の二月堂の回廊の上に立つ気分のウォーミング・アップになる。東大寺を前にして、訪れる人の気分はかなり敬虔度を増す。

二月堂といえば「お水取り」で有名である。毎年、旧二月の行事は修行である。「修二会《しゅにえ》」というのが正式名称で、僧たちが仏の前で罪や過ちを懺悔する法要である。

毎年、春のおとずれを告げる三月一日からおこなわれるが、先年、この行事に使う巨大な竹竿をみて認識を改めた。それは二週間にわたってつづくこの行事の最終をかざる達陀《だったん》の行《ぎょう》でつかわれる巨大な孟宗竹である。

竹に火をつけて松明にして、堂の中を駆け回るのである。夜だから壮観である。火事にならないかと心配してしまうが、古代インドの火法だから、古式を変えていない。この竹には奉納者の名が書かれている。たとえば、

奉納二月堂家内安全生駒市高山町
〇〇〇〇　何歳

竹は直径十センチ以上あり、数えてみると、節《ふし》が十五もあった。この修二会が終わると、毎年春がくるといわれているが、秋の方は鹿が主役で、鹿の角切りの行事で、秋を実感するのが毎年の奈良だ。

二月堂を出て、東大寺の方へ歩いてゆくと、鹿が寄ってくる。鹿は秋になると発情期を迎えるので、毎年、雄の角を切る。これが行事となって客を呼ぶ。

公園の管理事務所に立ち寄って、鹿の数を聞いてみた。一九八八年秋、一〇八五頭いるとのこと。十月は日曜ごとに角《つの》切りをする。

角を持つ雄鹿は六一七頭とのこと。雌鹿は二六二頭、そのほかにバンビが一八六頭いる。雄の角は、毎年、夏が終わるころから急に堅くなり、鹿自身もその堅さをテス

トしたくなるらしく、茂みに入って樹の幹に角をこすりつけている。十分に堅いとわかると、角を地面にむけてシャベル代わりにして、穴を掘り始める。何をしているのか、と私は思った。

「泥をつけとりますねん」

泥を浴びてるようにも思える。人通りの少ない森の陰では、鹿が急に駆け出す。興奮しているのか。

三頭の鹿がそろって春日大社の方へ向かってゆく。私もあとを追ってみた。木陰を求めた鹿の肌が保護色になった。

春日大社の神の使いは鹿だった、と思うと、座ってこちらをにらむ鹿に敬意を表した。

秋月

秋月《あきづき》という名の町は、いかにも秋に訪れたくなる。そこは九州も福岡県の真ん中である。名のとおり、秋は月が町の北にそびえる山の端で輝き、その山の名も古処山《こしょさん》というと聞けば、城址に昇る月かと思う人も多いだろう。

事実、この町を見下ろす山の上に、戦国時代までは城があった。その城主の名が秋月氏である。今は地名としてのみ残り、秋月氏の一族はいない。豊臣秀吉に攻められて、敗北したからである。

秋月氏は日向の高鍋に移封され、徳川時代になると、北九州一帯を支配した黒田氏の城下町となった。そして徳川時代を生きた町である。

城が山の上から麓に移されたので、秋月には城下町ができ、今も町並みが当時の條《じょう》里《り》をみせて郷愁を感じさせる。そこが秋月の魅力である。〝小京都〟のひとつと呼ぶ人もあるが、家並みはほとんど民家なので、人っ気がない。

歩いても南北十五分程度の小じんまりした城下町はひっそりとして徳川時代を思わせるが、入り口にエキゾティックな石橋がある。これは長崎の影響である。眼鏡橋とよばれるもので、長崎にならって造ったことがわかる。

これは、まだ鎖国する前のことで、宮崎織部が長崎から数人の石工を連れてきて造らせたといわれている。この人物は「島原の乱」のときに、先頭をきって出陣している。同じ九州でも、島原の乱の鎮圧者側である。それだけに秋月に残る眼鏡橋をみると、外来宗教は否定したが、外国人が導入した文化的技術は受け入れたのか、と後世の人は複雑な気持ちで、これに接するだろう。

「島原の乱」の鎮圧に駆り出された秋月藩の騎馬行列の情景が古地図に描かれている。それを保存している郷土館が城址の傍らにあった。その郷土館で知ったことは、背後にそびえる古処山の魅力だった。

「秋はこの山の上に月が昇りますたい」

と聞かされて、十月に来てよかったと思った。一夜を得た宿から夜の散歩に出てみた。まさに秋の名月ではないか。案内してくれた人は言った。

「毎年九月にこの町では観月会をやっとりますたい」

優雅な年中行事のようである。十月にやる年もあるというが、この集いは町民が九つのグループに分かれて、古式ゆたかに琴や尺八を奏で、あるグループは詩吟、あるグループは俳句、短歌を作って楽しむ。舞台もつくられて、その夜のムードは秋月ならではの高まりをみせる。

私が泊まった宿で賞味した筍が美味だったので、郷土の味覚について聞いてみた。

「タケノコというと春のように思われましょうが、秋月では秋が旬ですたい」

秋月では秋の九月にタケノコがとれるのである。

「寒竹というとります」

冬の竹と聞いて、再認識した。

「チンチクドンという言葉があります」

それは徳川時代、貧しい武士たちのことを茶化して呼んだ町民たちの造語のようだ。チンチクとは、背の低い竹のことである。金があれば武家屋敷は土塀で囲めたが、竹でしか囲めない中級武士たちをそう呼んだらしい。チンチクドンは自慢できないが、秋月の「寒竹」の方は今も郷土の美味である。

チンチクとはカンチクのことなのである。なぜそんな竹を育てたかというと、この竹は火縄の原料になったからである。火縄銃の玉にもなるが、この竹の葉は、身体が触れるとサラサラと独特な音がするので、不意の侵入者を察知するために、武家屋敷では積極的に植えたのである。武家の傘張りなどといって、貧乏武士は稼ぎのためにいろいろ苦労したが、ここでは後世、美味な筍が名産となって残った、というわけである。

その夜の宿となった祐徳園の近くまで戻ってくると、月は古処山の上に昇っていた。

「古処という名の詩人がいたですたい」

という。文化文政の頃の儒者だという。この山に惚れ込み、雅号にした原古処という人物が、秋月を有名にしたのだ。原古処は、この秋月の近くの日田にいた亀井南冥の門下で、詩人として評価された文人のひとりだが、旅好きだったせいか、娘が物心ついてから、よく連れて遠地へも行ったという。娘の原采は男性顔負けの上背をもち、刀を差して、まるで相撲取りかと思えるような姿で、各地を旅していたので、有名になった。

秋月にはこんな異色の人物もいたのか、と思って、聞いてみると、話は明治初期の「秋月の乱」に及んだ。これは豊臣秀吉に敗北した時以来の、この町の悲劇といっていい。

時代の変わり目、明治政府の開国政策と士族の解体に反対した七人の秋月藩士が、望みを達せず、切腹した。

秋月は、今夜も静かに月に照らされているが、夜の静けさの中で、過去のエピソードがよみがえってくるようであった

信州の山ふところ

赤沢美林

信州でも、木曽といえば、島崎藤村が生まれ、『夜明け前』を書いたので、馬籠の宿が有名になり、戦後は、隣接する妻籠の宿が家並みを復元させて、客を呼んでいるが、木曽の魅力は、中山道の街道筋だけではない。

江戸時代の木曽と言えば、地元では「五木」が話題だった。価値ある針葉樹である。ヒノキ、サワラ、ネズコ、アスナロ、コウヤマキ。とくに、ヒノキは伊勢神宮への献木として高く評価され、許しなく伐れば、首が飛ぶといわれるほどの建材であった。幕府がつねに見廻って、盗伐を禁じていた。そんな御料林のハイライトというべき山奥に、赤沢はある。

赤沢といっても、赤松の谷間ではない。ヒノキの育林を今も誇る山域の名称である。昭和五十年まで、上松から運材用の森林軌道があったが、撤去されてからは、秘境となった沢のどんづまりである。この間、クルマで約一時間、かつて、藤村が「木曽路はすべて山の中である」と断定したのが惜しまれるような過去のエピソードが、その途中にひそんでいる。

上松の町から、西へ入る。樹林豊かな谷間だ。川に沿う路は四キロほど行くと、高倉という名の集落に突き当たる。この「高倉」が見逃せない隠れ里なのだ。五木を誇る赤沢美林とは違う、高貴な歴史的人物の末路がひめられている。地元の人もほとんど知らない神社がある。風雪に耐えた感じの鳥居が、これはヒノキだ、と思わせるだけでなく、姫宮神社という名が、祭神の素性を偲ばせる。

この姫とは、木曾義仲時代の天皇家と縁のある親族の娘である。こんな所で生を終えたのか、と当時の政情を偲べば、時は、源平合戦のさなかのことである。この姫の父は、高倉天皇と皇位を争った後白河天皇の第三皇子、以仁王《もちひとおう》。源頼朝の従弟だった木曾義仲が平家を討つため、味方にして奉ったのが、裏目に出た感じで、不運の死を遂げた若き皇子である。源頼政が共に戦ったが、宇治川の戦いで、平家に敗れて、三十歳で世を去った。

高倉天皇になったのは、この以仁王と同じ後白河天皇の第七皇子だったことを思うと、残された五人の子供のひとりか、おそらく、娘がこの山中に入ったのだろう。木曾義仲も、同じ源氏なのに、義経に負けて戦死している。

高倉という名の隠れ里の奥にあるこの姫宮神社を見送ると、赤沢の終点は近い。ここは歴史を忘れさせてくれるような、自然に囲まれている。森林観察が楽しめるように、とくに指定された「自然休養林」である。上松からここまで敷かれていた森林鉄道がなくなったのが、残念だが、今は秋、人影も見えず、森林記念館の人は親切に応対してくれた。

夏は保存された森林軌道の豆汽車ボールドウィン号に乗りたがる子供たちでにぎわい、わずか一キロじゃ短すぎる、という声が上がる、というが、秋は、大人の自然観察の絶好期だ。軌道沿いの路からわかれて、橋を渡ると、真っ赤に紅葉した葉に出会った。マルバという木の紅葉だ。そういえば、今渡った橋の名がマルバ橋だった。この色の見事さ。これはモミジとは違うハート型の丸い葉だ。それでマルバと呼ばれるのか。ベニマンサクともいうらしいが、花も秋に咲き、葉もじつに鮮明な赤一色だ。

この奥を東に入って行くと、保護林地域となり、ヒノキの天然林がとりまく。この御料林は秀吉時代から育てられていた、という。木曽五木のなかでも、ヒノキとアスナロは区別がつかないほど似ているが、聞けば、「明日はヒノキになろう」という名のアスナロのほうが、ヒノキより強い、と教えてくれた。

アスナロといえば、東北地方ではヒバと呼ばれて、寒さに強い。ここでも、アスナロは日陰でも育つ、とのこと。日差しをつねに欲するヒノキは、アスナロに負けてしまう、という。幹は細いが、日陰者も強い、と管理者は笑った。

ヒノキは五木の王だが、つねに日なたを欲する。この話を聞いたとき、さっき見た姫宮の運命を思い出した。

明日はヒノキになろう、と思った源氏の武士たちは、アスナロのような忍耐力を持っていなかったのだろう。

赤沢林道は、歴史と自然の魅力を教えてくれた。

奥別所

その道祖神の前で、ちょっと脚を止めた。これはいい。スケッチしたくなった。信州の路傍である。夫婦道祖神である。寄り沿った姿がいいだけでなく、とりまくツツジの花が雰囲気をひきたてている。ここは野倉という集落。上田の西に湧く別所温泉から、私は歩いて来た。別所温泉は、とりまく山も絵のようで、アルプスとは対照的な丸い山が点々と聳え、心の安まる山路にめぐまれている。ここは温泉町から一時間足らずの近さだが、かつて平家の落人が住んだといわれている山陰。この道祖神はそんなに古いものではないが、抱き合っている姿がじつにいい。信州には、松本平をはじめ、点々と道祖神が立っているが、この夫婦道祖神は掘り出し物的存在だ。ここには、平家の落人の墓もかなりあった、という。

それが今はないのか。聞けば、穴堀六左衛門という男が、古墳や塚を掘り起こして、売ってしまったという。それは残念だが、この野倉は萱葺きの民家と火の見櫓が絵になっている。

こんな印象を残して立ち去った別所温泉だが、ここには価値ある古刹が点々とあり、温泉以上の魅力で、訪れる人が多い。安楽寺、常楽寺という名前もいいが、とくに安楽寺の八角の屋根を持った三重塔は古色蒼然として、見上げていると、これを造った人の仏心に想いが傾く。

そんな印象を再度味わいたい、と足を向けた折、こんどは少し西の奥に、石仏の群れがある、と聞いて、行ってみた。そこは「奥別所」と呼びたいような位置で、一〇〇〇メートルの峠の下だった。別所というのは、鎌倉幕府の執権だった北条氏のひとり、義政が仏心の修行の適地として、この地を選んで住んだので、鎌倉の別れの草庵というイメージなのである。

その別所から、さらに奥まったところに、この石仏群はあった。背後は修那羅《しゅなら》峠という、これも仏教的な名の峠で、その麓にある石仏は、なんと八〇〇体もある。これは壮観、などという表現をしたら、バチがあたりそうな霊地であった。これは鎌倉幕府とは無縁な庶民の信仰の結晶である。見れば、じつに多彩な表情を見せた石仏が奥へ奥へとならんでいる。彫りを見ると、太陽地蔵から宇古珠神、ささやき大明神から人面獣神と、生きていた時の人間の喜怒哀楽と三界の世界の展開をすべて網羅したかのような石仏群である。鎌を持った地蔵さんを拝んでいる婦人がいた。立ち去ったあとで、碑面を見ると、「お手に鎌持ち神」という銘が刻まれていた。

木の間隠れに、ひとつの神社がある。神仏習合時代には「修那羅山・安宮神社」であった、という。神官に聞けば、この石仏群の発想者は、

「越後は妙高の人です」

とのこと。全国のあちこちで修行して、この山中に来て、往生したという。寛政七年生まれ、明治五年まで生きていた修験道の行者である。以来、背後の高みに、修那羅峠の名がついた。シュナラとは、どういう意味か。「修羅」といえば、仏教の言葉

で、「阿修羅」というが、これはサンスクリット語の「アスラ」のアを略したもので、「アスラ」とは、おそろしい力を持った神のイメージらしい。

立ち去りがたく、背後の峠を見上げると、地図は高さ一〇三七メートルとある。この峠を越えると、善光寺街道へ出て、松本の方へ行ってしまうので、上田へ戻ったが、別所の奥は、野倉といい、このあたりも、「特・別所」と呼びたい、と想いながら、石仏を見送った。

物語のある里山

覚園寺

鎌倉は冬もあたたかい。

西北からの冷たい風が、とりまく山でさえぎられている。その風よけのような山の背を歩いてみると、冬でもみどりの樹林がつづいている。そして、頭上の空は見事に青い。

私は、北鎌倉の駅で降りて、建長寺へ向かった。そして、その裏山へ登った。

期待したとおり、冬のウイークデイなのでこの山路を歩いている人は、ほとんどいなかった。建長寺という有名な禅寺の庭園も、訪れている人は数人で、山を借景にして茂るツツジの群れも冬ならではの色彩が春秋とはちがって、見る者の心を落ち着かせる。

建長寺の背後の山を登ってゆくと、半僧坊《はんぞうぼう》という妙な名の小さな寺がある。ここまでくると、人影はない。「半僧坊」とは名のとおり俗人とお坊さんの中間的な人物を祀ったところらしいが、それが建つ位置も、中途半端なので、誰でももっと上へ行きたくなるだろう。

半僧坊からさらに登ると、山路は急に竹林にかこまれ、青空もかくれ、道幅も急に狭くなり、深山の感となる。

尾根に出ると十王岩《じゅうおういわ》とよばれる露岩がある。そこで誰しも今登ってきたところを見下ろす。鎌倉の町が眼下に見える。海が広がっている。その右手は稲村ヶ崎である。相模湾の海面が光っている。その海面にはヨットが点々と浮かんでいる。

鎌倉は江ノ島にちかい海辺がにぎわっている感じで、今私のいるあたりはまったく人影がない。十王岩の下の樹林の中で、風をさけて座っていると、旅情は幕府があったころにひき戻されてゆく。

冬も緑のアオキの茂る尾根をゆくと、鷲峯山《じゅぶせん》のところで道は十字路になっている。右へ下れば覚園寺《かくおんじ》である。今日はこの寺を訪れたかった。そこで右へ下った。

覚園寺はこの山麓にある古刹のひとつである。しかし、この寺は多くの鎌倉の寺とはちょっと雰囲気がちがう。観光客はほとんど訪れない。その理由は、第一に寺の生い立ちにまつわるもので、第二には、一日に三回だけ、時間を決めて寺内に入ることを許していることである。一九八七年、この世を去ったこの寺の住職は、「寺内では写真撮影を許さない」と遺言したので、今後はさらに秘められた寺となってゆくだろう。

位置としては、鶴岡八幡宮から歩いても三十分ほどの山裾だが、「鎌倉五山」のような大きな堂宇はない。山を背にした小暗い茂みの中の小さな薬師堂は、鎌倉幕府初期に北条義時が建てたもので、そのなかにある十二神将のひとつが、源実朝の暗殺と結びつけられて語り伝えられている。

この薬師堂は鎌倉では唯一の室町時代の建築である。その天井の板には、足利尊氏直筆という「源朝臣」の文字が今も黒々とした墨書で残っている。懐中電灯でそれを照らして見せてくれる。これは天和三年（一三五四）のことであるという文書が保存されている。尊氏は五十歳前後の頃、二年ほど鎌倉にいたのである。

それだけならよかったが、尊氏は後醍醐天皇の皇子だった護良《もりなが》親王と敵対したことによって、予期しない不幸が後世発生してしまった。尊氏ゆかりの寺とされていたこの覚園寺の入り口にちかい所に、護良親王を祀る鎌倉宮ができたからである。

「太平洋戦争中は国賊あつかいされて、この寺に石を投げ込まれたりしました」と、覚園寺の説明者は言った。この寺が他の寺とちがって、時間を決めて、拝観させているのも理解できる。

「入った以上、四十五分間の説明を全部聞いていただくことにしています」という条件をつけているのも、尊氏の言った「この世は夢のごとくにて候」という気持ちを理解してもらいたいからであろう。

覚園寺の寺内には大きな堂宇はない。薬師堂、愛染堂、地獄堂が点々と樹林の中にかくれているだけで、背後の山を掘ってつくられた洞窟の中の、ろうそくの灯が心に残る。

すぐ下にある護良親王を祀った鎌倉宮とは、対照的な雰囲気が、訪れる人の心に残る寺である。

北山杉の里

京都の町はずれ、嵯峨野の奥の、いわゆる三尾《さんび》のあたりは紅葉で有名なところだが、そこから少し北の、北山に来ると、杉の林が美しい。いわゆる〝北山杉〟である。

同じ杉でも幹が細く、真っ直ぐに伸び、杉林全体が緑の模様美をみせているので、訪れる人は、どんな姿に変わって建材になるのだろう、という好奇心を抱く。

高価な床柱になる。それは昔からの伝統的なこの谷間の村の地場産業なのだが、わざわざ見に来る人が多くなったのは、川端康成が『古都』という小説でこのあたりを描写してからである。

主人公が双子の姉妹という設定もあって、作中人物に惹かれて、昭和四十年前後は訪れる人が増えたが、その後は意外に静かである。

ことに〝北山時雨〟の季節はいい。晩秋から初冬にかけての頃である。私は周山《しゅうざん》街道に惹かれて行った。北山という名の谷間は、冬が近づいても杉にかこまれているので緑を失わず、そこに時々雨がぱらぱらと降り注ぐ。

それを旅情と感じる人ならば、傘をさして小野の里をゆっくり歩いてみることだ。杉は、「磨き丸太」と呼ばれて、芸術品をつくるように磨かれる。

この山里では、古い民家の屋根が独特である。それは茅葺きであるだけでなく、周山街道ならではの特色といっていい千木《ちぎ》がつけられている。千木だけではない。屋根の形は、入母屋《いりおもや》づくりで、その三角形をした部分に独特な飾りがある。

破風《はふ》とよばれる三角形の断面につけられているのは、その家の紋である。そしてそ

の下にある〝懸魚《けぎょ》〟も独特だ。その由来を聞くと、

「火防《ひぶ》せのおまじないというとります。むかしは魚の形などをしたものが多かったようですねん」

そう言われて、あらためて見上げる入母屋の民家は、思うに防火にちなんで水の中に棲む魚をシンボルにしたのだろう。

「峠を越えて丹波へ入れば、まだたくさんありまっしゃろ」

というので、私は北へ向かった。周山街道はすぐトンネルになっていて、かつての丹波の国に入るという実感は乏しかった。

「笠《かさ》峠も栗尾《くりお》峠も今は楽に越えられますなあ。子供のころとは、コロッとちがいまっせ」と周山の人は言った。しかし、幸い、まだ民家は北山の里以上に昔の面影を残している。

周山という地名は、古代中国の「周」にあやかってつけられたものである。明智光秀がこの盆地に城を築き、周の武王のようになりたかったのか、周山城と名づけたという。京都の北なので今では京北町と改称しているが、この盆地の第一印象は、千木を置いた農家の屋根だ。

千木といえば、神社建築を連想させる。垂木の先端が屋根を貫いた感じで、男女の

神を祀る気持ちがこめられている。住んでいる人の信仰心を想わせる屋根である。

私はやがて、常照光寺《じょうしょうこうじ》を見た。この寺は、光厳天皇が隠棲した禅寺である。光厳天皇といえば、後伏見天皇の皇太子だったので、北朝の上皇になり、京都を避けてこの山里に住んだのである。

春ならば見事に枝垂《しだ》れる桜の古木が、何か寒々と見えた。北山杉と周山を見た旅のフィナーレにふさわしい、人影のない寺であった。

柳生の里

柳生街道は歩いて味わうべき路である。

奈良の東のはずれ、春日山の裏から登って行くと、今でも木の下影の石畳を踏む旅情が味わえる。「柳生の里」に惹かれて、昔の剣豪の跡を訪ねる人は、十兵衛ゆかりの地を見たがるのか。行った人は、奈良からは遠い隠れ里だ、という感じを抱くらしいが、この街道は、南北十六キロにもわたっている。藩として活躍したころの家老屋敷や十兵衛杉は、笠置山に近いので、鉄道ができてからは、この村の北を走る関西本線の方から入るのが、順路か。

しかし、奈良から歩いてゆくと、徳川初期の柳生一族の姿が浮かび上がるような山路で、まず、石窟群に出会う。滝坂路と呼ばれる路傍には寝仏があり、石切峠に登りかかると、穴仏や首切地蔵に出会う。これが南から入る柳生街道なのだ。春日大社からわずか三十分たらずのところで出会う首切地蔵は、荒木又右衛門が試し切りをしたので、首が折れたという地蔵様。

石切峠には峠の茶屋が今もある。石畳の路は、ここから東海道自然歩道になっている。柳生一族を偲ぶなら、この路がいい。

「これから奥を山中と言いますんね」と峠を下って行く人が、その実感を教えてくれた。

柳生の里は南北に細長い谷間のような地形で、剣豪たちが、ひそかに腕を磨いた「隠れ里」なのだ。その立役者は柳生石舟齋、その子の宗矩《むねよし》、そして三代目というべき三厳《みつよし》が江戸へ出て名を残した通称、柳生十兵衛。徳川家康の登場とともに知られた一族だが、今は語る人もなく、ひっそりとして、このあたりは「つわものどもが夢の跡」の感が深い。

当時は草深い山路であったろう。石切峠を下ると、今は車道に出会い、柳生の入り口ともいうべきところに円成寺があった。瀟洒な楼門がいい。背後の森は幽邃だ。聞けば、ここが忍辱山《にんにくせん》と呼ばれる寺だった。ニンニクとは仏教が嫌うイメージだ、と思われるが、この熟語は「いかなる苦悩にも耐える修行」を意味している、と知れば、いかにも剣豪の里にふさわしい存在だ、と再認識した。

柳生の屋敷跡までは、まだ、ここから十キロもあるが、この寺は森に囲まれた庭園がよかった。峠越えの後の息をととのえながら、

「大日如来さんは運慶の作ですか」

と聞けば、

「そうどす」

と寺の人は言った。運慶といえば、東大寺の巨大な金剛力士像のおそろしい表情を想い浮かべるが、この如来像は温和な表情で、細身の座像である。

再び、昔の路をたどると、神社があった。「夜支布」は何と読むのか、と聞けば、ヤギフで、この字が柳生と書き換えられたのだ。延喜式以来の古社だとのこと。水田地帯の中なのに、ここだけ古墳のような森の環境である。これは、いよいよ過去の世界に入ったな、と想いながら、さらに北へ向かうと、視界には茶畑がとりまきはじめ、奈良より京都に近いと感じはじめたころ、やっと、家老屋敷の跡に着いた。

今は台風シーズンなのに、ここは無風地帯を思わせる盆地だ。この家老屋敷は資料

館になっているので、柳生一族の活躍ぶりをあらためて知ったが、新陰流で名を残した石舟齋の本名は宗厳《むねよし》、五男の宗矩が徳川秀忠、家光の指南役になり、この宗矩の長男が講談で有名になった十兵衛である。ここから少し北に行ったところにある正木坂剣聖道場に行ってみると、今の若い剣士たちが竹刀を振っていた。

皆が話題にする十兵衛杉が左手に見えた。江戸への旅立ちを記念して、この杉を植えたのが柳生十兵衛。ここまで来てみると、奈良は遠く、江戸への視野がひらけてくる気持ちが理解できた。北には笠置山が聳え、今は笠置という駅もある。関西本線などなかった昔を偲びながら、柳生の里に別れを告げた。

第三部　郷愁の山路

早春の高尾山

高尾山の山肌は意外に俗化していない。

東京に続く武蔵野の西にそびえ、あまりにも有名なので、ドライブの普及したこんにちでは近すぎて敬遠されているのかもしれない。

私が「高尾山へ登ってきた」と若い友人に語ったら、ちょっと軽蔑したような表情をみせた。思うに、彼はドライブが好きなので、山といえばもっと遠い、高い山がつねに念頭にあるらしい。

「山高きが故に貴からず」という言葉がある。私は久しぶりに高尾山に登りながら、そんな言葉を噛みしめてみた。早春の一日、武蔵野は行く手の山を青空に浮き彫りにして、高尾山の上あたりも春霞はなかった。京王電鉄の終点から五分ほど歩くとケーブルカーがある。

これに乗ると一挙に三〇〇メートルの高さが〝稼げる〟。そして、たちまち山上の世界となる。この山は奈良時代から修験道の伝統をもつ信仰の対象である。弘法大師ゆかりの眞言宗の智山派の大本山がこの奥にある。眞言宗智山派といえば、成田山の新勝寺《しんしょうじ》、川崎大師の平間寺《へいけんじ》とともに善男善女を今もあつめている。

三月という季節に、この高尾山を訪れることをすすめたい理由は、大本山の薬王院で伝統の「火渡り」の行事が毎年おこなわれるからだ。十年ほど前に私も見たが、三月の第二日曜の山上は、あらためてこの山が修行の霊山だったことを感じさせる。

薬王院はケーブルカーの終点から三十分ほどかかる山上にある。起伏はほとんどないが、この間の杉並木は気持ちを現代から奈良時代に戻させてくれる。古杉という表現がぴったりする巨大な杉が頭上の空をかくすほどで、両側が急な崖となった屋根道の左右に育っている。「高尾山の精霊は天狗」と書かれた道端の説明が実感をよぶ雰囲気である。

杉並木の下には杉苗を寄進した人々の名が杉板に書かれ、数百メートルにわたって続いている。「金何万円」ではなく、「杉苗千本」という単位であるのが、いかにも高尾山らしい。毎年、数千人が寄進している。

高尾山がほかの山とちがう点は、東京にちかいのに、レジャー普及時代がきても、自然が保護されていることだ。それは杉だけではない。じつはこの山の特色は、その位置が本州の中央部のせいか、暖帯と温帯の境目に位置していることだ。

参道の右側をみるとカエデやブナが目立つ。

「落葉樹が多いな」

と私は思った。左側をみると杉だけでなく、常緑樹が目立つ。杉並木の中でも、「蛸《たこ》杉」と名づけられた巨杉が印象に残った。蛸の足のような根張りをみせた杉は高さ三十七メートルもある。杉並木の下には神変堂《しんぺんどう》という小さな祠がある。その傍らで私は石楠花《しゃくなげ》をみた。数本もある。さすが修験道の山だと思った。

神変堂とは、役の行者が来て修行をしたことを裏付けるために造られたお堂である。石楠花という灌木は修行者の〝花〟である。

杉の香りをかぎながら薬王院に着くと、火渡りの行事でにぎわっていた。修験道は明治以降みとめられなくなったが、行事だけはおこなわれている。炎は心身を浄める。炎の上を渡ることによって無病息災、家内安全を保証されると聞いて、山伏が渡ったあと、見物人も渡る。

「靴をはいていては駄目だ」

と言われて、はだしで石段を駆け登る人。朱色の仁王門が修験道の時代をよみがえらせる。

火渡りの行事がおこなわれる日は、薬王院で引き返す人がほとんどだが、高尾山の本当の頂はこの先にある。そこは海抜が六〇〇メートル、正確には五九九・三メートルという説明板があるが、十三州展望台とよばれているだけあって、四方が見える山上である。

帰りはケーブルに乗らずに歩くことにし、南側の谷間を下った。そこは高尾山のなかでも歩く人のほとんどない沢道で、琵琶滝《びわたき》をみると、ここが修行の場だったことがわかり、ちょっと滝に身体を打たせてみたくなった。

「道場使用料　二〇〇〇円、入滝料　滝指導料二〇〇〇円」と書かれていたが、早春の季節では人もいなかった。このあたりは、ケーブルカーのある山とは思えぬ静かさで、琵琶滝まで降りる山路は川音が快く、杉を育ててきた山の地下水の豊かさを感じさせるひとときを味わった。

西沢渓谷をゆく

久しぶりに日本らしい渓谷美を味わった。甲府盆地の北にひそむ笛吹川の上流である。西沢渓谷といえば、日頃〝歩くことを嫌う〟クルマ族の旅行者でも知っている。思うに、行ってみたいが、山を歩き馴れていない人には危険な秘境というイメージがあるようだ。

東京に近い渓谷のひとつならば、戦後半世紀にちかい間に道もでき、楽に歩けるのではないか、という想像に反し、西沢と並ぶもうひとつの谷、東沢は〝立入禁止〟なのである。自然は奔放に生きている。

一口に言えば、道のつくれないV字状の峡谷をゆく地形。甲州の北域の岩は花崗岩なのである。この岩質がつくり出した風景といえば昇仙峡が有名だが、笛吹川の上流は、この火山質の岩と水成岩がからみあい、渓谷は両岸が切り立っていて、今でも道がつくれない。

東沢、西沢という名は平凡だが、その奥には鶏冠《とさか》山という名の、名のとおり雄の鶏がトサカを立てた形の岩峰がある。

私は雪どけが待ち遠しいような気持ちで、この谷に入った。中央線は塩山《えんざん》からのバスが谷の入り口ちかくまで往復しているが、私が乗った日の客は私のほか二、三人だけだった。

吊り橋を渡って西沢へ入ると、道はたちまち左の眼下に澄んだ川面をみせる。道は崖の右側、山の中腹につけられているが、狭くて、滑りやすい。十五分も歩くと、右手の手の高さのところに、針金がとりつけられている。頑丈なクサリを握ってゆけるところもある。

バランスを崩すと、たちまち左手の、眼下の川面に落ちかねない。その危険を防ぐための針金である。西沢渓谷の魅力は、胆を冷やしながら間近にみる滝と滝壺の連続なのである。まず三重ノ滝があらわれた。次いで魚止め滝、そして貞泉《じょうせん》ノ滝までくると、丸い滝壺が二段になっていた。そこに湛えられた水の青いこと、それは同じアオでも「蒼」という字を書きたい感じで、空のせばまったV字状の谷の頭上から太陽が差しこむと、「碧い」という文字を使いたくなるような独特な水色であった。

その水に触りたくなり、飲みたくさえなるが、気軽にその岩の上に立とうとすると、たちまち滑り、滝壺に落ちそうになる。これが西沢渓谷の身上なのだ。それだけではない。透明で蒼い水は毒水なのだ。「飲んではいけない」という注意書きが入り口にあった。

西沢渓谷が、旅行がブームのこんにちでも昔のままである理由がわかるというものである。美女には毒がある——という人間界の諺はここの西沢渓谷の自然美にもいえる。そして、その川床を彩る花崗岩の美しさも同じように危険をはらんでいる。登山靴でも滑るのだ。私も注意深く魅力的な岩の上に立った。いや、それは危険だと知って、崖の上の道に座った。

道には点々と、縄がおちていた。それは一メートルほどのものだが、靴が滑るので、縄をまいて歩いた人たちの捨てたものなのだ。

「草履か、縄をまいて歩くこと」

というのがこの西沢の掟なのである。となりの東沢といえば、半世紀前に、田部重治という登山家が書いた紀行文がある。「笛吹川を溯る」と題し、昭和初期に探検的な気分で入って行った状況がじつによく描かれているが、東沢の崖の下で野宿している。それでもやっとぬけ出して信州沢に入り、峠を越えて千曲川の源流へ出ているが、こんにちではさらに苦労を強いられそうだ。

自然が保護され、こうした秘境は以前よりもさらに人を寄せつけなくなっている。加えて、歩くことをいとう人が増えた。しかし、歩く者だけが味わえる西沢の奥の風景がある。

それは視野のきかない森林の山路を彩るシャクナゲの花の美しさである。西沢の渓谷は五段ノ滝を最後に沢から離れて、黒金山の頂へ通じる尾根道にかわる。北に面した山腹はうっそうと樹々が茂っているが、シャクナゲを分けてゆくような感じさえする。この山路には危険はない。若い女性たちがこの花を求めて黒金山の方から下ってくるのに出会った。登山靴をはいていて、足どりもしっかりしていた。

「まあ、この色、なんと微妙なんでしょう」

と頬ずりをしながらシャクナゲにさわっている。シャクナゲといえば、甲州の北にあたるこの山域がもっとも豊富である。年によってちがうが、冬もあたたかった今年のシャクナゲは、見事である。

山桃の里・森の娘

伊豆は観光地として手垢に染まりすぎているので、私のような旅路を求める者には、もう魅力のあるところはないでしょう。――とよく言われるが、地図をみると、木の実がぶら下ったような形をして、太平洋へ突きだしている伊豆半島の海岸線を、全部歩いたという人はまずないだろう。かならず、どこかが抜けている。

たとえば、伊東と八幡野の間、石廊崎《いろうざき》と波勝岬《はがちみさき》の間、土肥《とい》と戸田《へた》の間という三つの地域が、かなりの伊豆通でも見逃しているところである。

そのひとつ、いちばん東京から近くて、多くの人が見る機会を持たなかったと思われるのが、伊東から南につづく相模湾ぞいの海辺である。ゴルフ場で有名な川奈の先、門脇岬、日蓮崎、八幡野を結ぶ約二里ほどの海岸線である。

この海岸線は、天城火山がその裾野に、いくつかの寄生火山をそびえさせて、大室山、小室山が流した熔岩が厚く大地をおおって、海に落ちこんでいる。この一帯を、地元の人は昔から先原《さきばら》熔岩台地と呼んできた。今は伊豆急行という電車が、その堅い熔岩地帯の上にレールを敷いているが、この電車に乗っても、大地のふちが相模灘に落ちこんでいる実景は見えない。

じつは、そこに見事な黒褐色をした安山岩の露出地帯があり、断崖が直角に海へ落ちている。

この海辺の立体感とスケールは、海上に船を浮かべて仰がなければ見られない。幸い八幡野という漁村が、そのよい根拠地となってくれている。伊豆高原というしゃれた山小屋風な駅が、この八幡野への下車駅である。

磯釣りの好地で、その方面の人たちだけが昔から通い、泊まっていた漁村である。伊豆半島は温泉が多いために、温泉地ばかりが人気を呼び、断崖の美しい入江や港町が、正当に評価されずに、忘れ去られてきた。しかし、房総半島のように、伊豆半島にも温泉がなかったとしたら、早くから、この東海岸の入り口は、第一等の風景地帯として、ランキングされたにちがいない。

房総半島の勝浦海岸や、オセンコロガシが断崖美を自慢していることを考えたら、ここの方がはるかに見事で、戦後十年経っても、話題にならないことを地元の人は、残念に思ったのだろう。最近、伊豆八景のひとつを城《じょう》ヶ崎《さき》海岸と名づけて、その美しさを誇りはじめた。城ヶ崎という名は、海から城壁のように切り立っているからだろう。

八幡野から北、川奈の手前の蓮着寺、門脇《かどわき》岬の付近は、海上から仰ぐと、圧倒されるほどの絶壁だ。大地のふちにちかい小径《こみち》を歩くと、このあたりの一帯は山桃の林だ。山桃がこれほど群れて、自生している海岸線はめずらしい。山桃はいわゆるモモの一種ではなく、中国や台湾に育ちやすい南国的な常緑樹で、日本には珍しい野性的な樹木だ。八幡野の町はずれを走る伊豆急行の車窓からでも、その一部が見られるが、この樹の存在を知らない人は多いだろう。

モモというより、小さな木の実。初夏になると、二センチ直径ほどの暗赤色の実をつけ、食べると、独特な甘酸っぱさと野性的な味がする。六月頃、しとしとと梅雨が降るとき、その結実は最盛期だ。その木の実の味が、付近の村人をよろこばす情景を、おそらく多くの旅行者は知らないにちがいない。

私は数年前、八幡野の町を訪れて、この海辺の林が気に入り、蒸し暑い初夏の一日、山桃の林の中を雨に濡れながら歩いたことがある。

八幡野の娘たちは、幼い頃から、この山桃と遊んで育ち、一年のうちで、もっとも印象に残る日々をすごしてきたことを知った。村人たちは、自分たちの庭のようにそこに遊び、山桃の木に登り、そっと実を獲《と》って、口に入れる。その甘酸っぱい味は、素朴な初恋の味にも似ているという。

日が差しこまないほど、密生した日蓮崎付近の山桃林、八幡野の南につづく赤沢付近の山桃林。その林の中を歩いているとき、私はふと作家、水上勉氏の書いた小説の描写を想い出した。不気味さを誘う密林のなかに、美しいひとりの娘を登場させ、その娘に恋をさせ山桃の樹に登らせ、その樹から落ちて死ぬというストーリー。水上氏は、若狭湾べりの山桃林の妖気な樹海を印象的に描いていた。

山桃の樹は、梢が見えないほどの高さに伸び、幹も太くなるが、じつにもろく折れるのが特徴なのだ。雨の日、誰もいない林の中で、ひそかに、山桃を口にふくむ秘密のたのしみ。「私も一度樹が折れてけがしたの」と、八幡野育ちの娘は語った。

山桃の性質を知らない都会の娘をつれてきて、山桃の実をとらせる。そして枝から落ちる——不運を想い出させた。

私は推理小説家ではないが、この城ヶ崎の林の中では、いつもとは別な情感への誘いと、妖気をさそう雰囲気への誘惑に勝てなかった。

人影まれな三国街道

来てみれば、その峠の真下には、上越新幹線のレールが敷かれていた。地上からは見えない長いトンネル。そのトンネルの上が円形を成した大きなひとつの高原台地なのである。

そのトンネルの長さは約二〇キロあると聞けば、この山上の風景は、いままでも、およそ語られなかったが、これからも、新幹線の「頭上」にありながら、歩く人とてないだろう。ここは上州の国のほぼ眞ん中である。

じつはこのトンネルの上に、江戸時代までは、三国街道が通っていたのである。といえば、いまは一七号線とよばれる上越国境のハイウェイを連想しようが、この三国街道は、明治以後は人影まれになってしまった。

この三国街道は、榛名山の北で、高さ八〇〇メートルに達する中山峠に至る。

南から登ってゆくこの中山峠は、まだ春浅い季節でありながら、東南の角度から差す太陽の光をうけて、快いあたたかさであった。歩きはじめたのは、上州平野の終わる利根川べり、そこは榛名山のふもとの渋川の北で、駅を降りたとき、高原状の山塊の子持山を眼前にみせて、私の心をひきつけた。

子持山。その山のすがたは、富士山型のコニーデで、近くから仰ぐとき、となりにそびえる赤城や手前にそびえる榛名山よりも、私には魅力的に見えた。この山が、榛名と赤城にかくれているのは、気の毒だ。

だから、あえて登ってやりたいのだ、という気持ちで上州平野を振り返りながら登る。右手に子持山、左手に小野子《おのこ》山を見上げ、一汗かいたと思ったころ、道は平らになる。左手にゴルフ場があったのには少々失望したが、子持山と小野子山の間にかくれた山上の牧場は、スイスに来たかの感であった。

コモチ山と、オノコ山の二つにはさまれた牧場なら、牧場ができて、乳が出るのは当然だと、二つの山の名に興味を抱いた。まだ青草になっていないが、この風景は、となりの赤城山も榛名山も持ち合わせない異国情緒である。

そこから北へ歩いてゆくと、道はじつに平坦で、山上の高原の大気は冷ややかだが、不思議に風がなかった。あらためて見る地図でわかったが、この山上の村は、名も高山村とよばれ、四方が山でかこまれた雲上の別天地であった。

まさに、日だまりの街道であった。地図はこの一帯の高さを六〇〇メートルと示している。この真下に上越新幹線がレールを敷いているのだと思うと、大地に耳をつけてみたくなったが、地図を見なければそんな連想は思いもおよばない山上の古き街道には、いまも「牛の糞《くそ》」という地名が残っていた。

それは、近づいてみるとそんな形をした火山岩の塊だったが、本宿《ほんじゆく》とよばれる十字路にくると高山村の古さが偲ばれた。この山上の凹地は東西、南北それぞれ八キロほどで、もしここに湖でも湛えられていたら、赤城山や榛名山より有名になっていたにちがいない。

高山村の中心部といっていい、この本宿あたりから振り返って仰ぐ子持山と小野子山は、赤城と榛名にはない男女峰である。心のなごむ優美な曲線である。そんな自然美がこの高山村の生活を、むかしから平和に保たせてきたように思えた。

この街道は、江戸時代、越後と江戸を結ぶメインストリートとして利用され、さまざまな人が歩いた。いまは半ばアスファルトと化して、残念だが、さらに北へ向かうと、道は樹林帯に入り、また昔ながらの土に戻った。

ここへ来るまで、すでにいくつかの古い街道筋を偲ばせる旧跡を見た。中山峠に登りついたときに目にしたのが、「なぎなた坂の歌碑」。それは足利時代にこの峠を越えた道興準后《どうこうじゅごう》という貴人の残した旅の歌草で、「廻国雑記」という紀行文の中に書いた一首だという説明を見て、この道の魅力を再認識した。

この中山峠には、塩原太助の寄進した茶屋の跡を示した標柱もあった。塩原太助といえば、この高山村の北、峠を降りたところにある新治村に生まれ育った江戸の炭屋である。薪炭商といってしまってはイメージがわるいといわれそうだが、塩原太助といえば、若くして一心発起して江戸へ出て、下積みの苦労をいとわず炭屋に奉公して産をなした立志伝中の人物である。

三国街道の名残を偲ばせる本陣も新田と本宿の二カ所にあったというが、たしかに、新田の平形家には門と書院が残っていた。この高山村の中心部をさらに北に向かうと、寄棟づくりの屋根が二つ、郷愁をさそった。

日だまりの山路といってよかった。風はなく、頭上から太陽が差し、やがて左手の川べりに赤い小さな鳥居を見た。「福守権現」と書いた赤いのぼりの傍らに「男根石」があった。石といえば、塩原太助の「馬つなぎ石」というのが、さっき通った中山のT字路の角にもあった。

ここから先は最近、誰も歩いた形跡のない草深さで、間もなく着いた金比羅峠の北は、急に下りとなり、旅情は日だまりの道から、小暗い林の中に入った。

その坂道の路傍で出会った道祖神は、「文化三丙寅年十月吉日」の文字を読みとらせた。合掌する像は、江戸末期の三国街道に人がしげく通ったころを偲ばせた。今は歩く人もいない、忘れられた三国街道である。

富士に映える金時山

この山は富士山の展望台である。正月に登るにふさわしい。しかも、その名がいい、金太郎のイメージである。

箱根は仙石原《せんごくはら》の奥で、バスを降りた。冬は少しばかり風が冷たいが、ここは海抜一〇〇〇メートル、夏でも気温はひくい。箱根の入り口、小田原は海辺の町だから、バスは一時間たらずの間に一〇〇〇メートル登ってくれたことになる。

金時山は高さが一二一三メートル。バスを降りた地点から二〇〇メートルほど登ればいいと気軽に歩きはじめた私のあまい期待は十五分後から見事にくつがえされた。

急な山路、細くて、その中央はえぐられ、靴は安定しない。そのうえ、滑りどめのためにつくられた石段が両脚を一足ごとに高く上げさせ、たちまち息切れが始まった。箱根の山といえばドライブウェイが縦横につくられ、どんな山も楽に登れると思った先入感は捨てなければならなかった。

仙石原の西北をとりまく外輪山のひとつが金時山である。そこへ直登する山路はないので、まず矢倉沢峠を目指すのである。三十分ほどで着いたが、吐く息は白く、久しぶりに汗をかいた。峠までは樹林の中だったが、ここから先は頭上が青一色の大空、冬晴れの大気がここちよい。峠には茶屋が一軒建っていたが、営業はしていない。

行く手に金時山がそびえている。さわやかな気分になった。もう近い、と思ったが、足は重い。傾斜が急なのである。左右は一面に篠竹の茂る笹原で見通しはよいが、足は大地の磁石にひきつけられたような感じである。前後して、子供を連れた夫婦がゆく。

「仙石原がよく見えるわ、あそこが別荘地帯よ」

と子供に教えるように指さしている母親がいる。しかし、これは息切れをととのえるための会話なのである。さすが、金時山だけに子供づれが多い。ひとりの父親は、

「登ると富士山が見えるよ」

と自分に言うように子供に語りかけていたが、白い息が青空に溶けた。海抜一〇〇〇メートルを超えたと思われるあたりでは、「このあたりはハコネツツジの群落地帯です」と書いた立札が初夏の風景を連想させたが、左右にあるのは木の根で、これにつかまって私も疲れた下半身を引き上げた。

しかし、たどりついた金時山の頂は、期待にこたえてくれた。見事に立ちはだかった富士山の純白の山容、しばらく声が出ない。それは息切れがつづいているせいもあるが、喉が乾ききっていたからだ。

狭い山頂には二軒の山小屋が建っている。ひとつは「金時娘」がいるので有名な「金時茶屋」、もうひとつは「金太郎茶屋」。

「金時茶屋」の主は小見山妙子さんという。この人がいるので金時山が有名になった感がある。〝娘〟もいまや〝おばさん〟である。しかし、若々しく小まめに立ち働いているというのが第一印象だった。

娘時代から男まさりで、山頂に住んで登山者の世話をしてきた山小屋の主、「昭和六十年からは泊めておりません」

朝早く麓の自宅から登ってきて、日暮れまで営業する。手づくりのおしるこがうまい。私の喉はうるおった。せめてお茶だけでも飲めればよい、と思った登山者が多いらしく、甘味の注文が殺到する。

箱根にはたくさんのピークがあるが、金時山のように山頂に山小屋を造ったところは珍しい。「坂田の金時」のイメージを求めて登ってくる人が多かったせいだろう。

「まさかりかついだ金太郎…」という童謡がある。金太郎は実在の人物で、この金時山の北方にある足柄山麓で生まれ、源頼光にみとめられ、平安時代に「四天王」といわれた武士の一人である。

子供の頃、毎日この山に登りに来て足腰を鍛え、熊などと遊んでいた。ある日、山頂から巨岩を落としたところ、中腹にいた猪の鼻を折ったというので、「猪鼻山《いのはな》」というのが金時山の古名である。山頂に小さな石の祠がある。それが猪鼻神社で、「金時茶屋」のオバサンの守護神のように見える。

〝金時娘〟として有名になった小見山妙子さんは、父がつくったこの山小屋に少女時代から住んで仕事を手伝っていた。父が厄年にこの世を去ったこともあって、次女ながら稼業を継ぐ気持ちをもち、愛犬バンビと愛猫ジョーを護身役にし、山小屋に住む以上、万一のときにそなえて空手と柔道を十四歳から身につけた。山路で見知らぬ男が襲っても、金太郎より強い、と人が噂し、「金時娘」と人々が呼ぶようになったのである。

「唐辛子をつめた目つぶしを持って山を歩いてましたよ」

と若い頃のことを語る金時娘もいまは五十歳代の半ばというが、若々しい。同じ山頂にあるもうひとつの山小屋にいるオバサンは、

「毎日飲料水をかついで登ってくるんです」

と言った。この山頂で美しい富士山を見るのはタダだが、一杯の水を飲むには感謝の気持ちが必要だと思った。

帰りは、足柄峠につづく山路をえらんでみた。この道もひどく急な下りで足が痛くなった。峠の手前に浅間塚という、説明を書いた金太郎ゆかりの地があった。「貞之元年八月公時《きんとき》神社」と刻んだ石碑をみて、金時は公時と書いたことを知った。毎年三月十七日にここで金太郎を偲ぶ祭りがひらかれている。

安曇野・春のおとずれ

日本アルプスを仰ぐ盆地の春は、雪の山が絵画的だ。松本郊外といってもいい一帯は海抜六〇〇メートルを超える高原なので、大気が澄んでいる。

西の空を飾る山々は槍ヶ岳や穂高岳の前山だが、常念《じょうねん》岳という山はとくに目をひくピラミッド形の山容である。私は青春時代、松本の町に住んでいたので、この山を四季にわたって眺めた。そして、早春のころがいちばんいいと思う。それは雪が十分に残っている山肌が微妙な色彩の変化をみせるからである。

雪はけっして単純な白さではなく、あるときは薄紫になり、あるときは赤くなる。そんな山への視線を足もとに移すと、松本郊外は菜の花に彩られていることがある。

そこに蝶がとまる。菜の花にとまる蝶はヒョウモン蝶が多いと思っていたが、大地が高原地帯のせいか、タテハ蝶がとまる。赤タテハか。思わず、幼少時代に歌った「蝶々、蝶々、菜の葉にとまれ」という童謡が口をついて出る。そんな春の風景が、この安曇野《あずみの》には今もある。

安曇野という地域名を人々に教えたのは、私の学んだ旧制松本高校の先輩の一人、臼井吉見《うすいよしみ》さんの小説『安曇野』である。氏は豊科《とよしな》に近い堀金村の生まれである。安曇野が生んだ人物が異色であることをこの小説は印象づけてくれるが、現在の安曇野は明治時代とはちがった人材を育てている。

それは果物や野菜をつくる人々である。かつては一面の水田地帯であった松本郊外が今では多彩な果物や野菜を生み出している。先年の春、上高地《かみこうち》へ行った帰りに私は波田《はた》村の農家を訪ねてみた。

松本のすぐ西である。菜の花の咲きみだれるのはこのあたりである。その少し先に桃の畑があった。今でも電車が走っているこのあたりは春の車窓がたのしい。

「夏はスイカがとれます。もう一度来ましょ」

とすすめられた。

安曇野の南は塩尻《しおじり》である。この南域は訪れる人も少ないが、意外な風景がみられる。人はこのあたりを「サラダ街道」と呼ぶ。レタスの葉が一面の緑をみせるのは初夏から秋の間だが、ここを「サラダ街道」に仕立てたのは百瀬《ももせ》孝夫氏である。

「日本アルプス・サラダ街道」と名づけている。三郷《みさと》村から塩尻までを含めた六つの町と村によびかけて「サラダ街道・憲章」をつくって、安曇野をイメージチェンジさせた。このあたりは、トマトの産地としてすでに知られているが、ピーマンやプルーンまでつくられている。アルプスの山裾というべき梓《あずさ》川村の西隅では、ホホズキの畑をみた。松本空港の付近では、リンゴやブドウが目立つ。空港にちかい鎖川ぞいの道を歩いていると、

「ここはレタス街道ですよ」

と教えてくれた。安曇野の南端といっていい朝日村には信州がほこる道祖神が路傍に目立つ。とくに小曽部の双体道祖神は異色だと聞かされていたので、位置をたずねると、

「カケオチ道祖神ずら」

と木曽の山の方角を指した。塩尻の西というべきこのあたりは、明治時代、桔梗《ききよう》ヶ原とよばれていた。そのイメージどおり、この松本の南北の地域には歌人が数人以上輩出している。その名は窪田空穂《くぼたうつぼ》、若山喜志子《きしこ》、太田水穂、四賀光子《しがみつこ》などで、人呼んで「歌人地帯」である。

信州の県花はリンドウで、キキョウではないが、現代の桔梗ヶ原はブドウとワインの里である。「林農園」では取りたての果物をしぼって飲ませてくれた。リンゴや桃

のジュースを飲みほすと、日没が近づいていた。

松本へ戻る途中、乗鞍《のりくら》岳の夕映えが美しかった。もう少したつと、安曇野の大地は魅力的な地表になりそうである。

美ヶ原・自然との対話

美ヶ原は山頂の花園である。

それも海抜二〇〇〇メートルの高さに広がる壮大な草原である。雲の上の牧場である。放牛の牛たちはレンゲツツジの中に埋まるようにして初夏の別天地をたのしんでいる。

燃えるような色が美しいレンゲツツジは、昔からこの美ヶ原の天然のカーペットである。自然保護が叫ばれる前から、このレンゲツツジだけは育ち、いまでも少しも減っていない。

「牛たちも自然の美しさがわかるのかしら」

と私の傍らで、都会から来たらしい女性がつぶやいた。しかし、そうではない。このレンゲツツジは毒があるので、牛や馬が食べないのである。それで他の牧草とちがって減らないのである。

私は青春時代、この美ヶ原の西のふもとにある松本の町に住んで、一年に十回以上も登った。それ以来、今日まで三十回近く来ている。旧制松本高校の学生時代は、このツツジをオニツツジと呼んでいた。

「美しいものには毒があるんだな」

などと言いながら、友人たちと登った山路は松本から王ヶ鼻《おうはな》を結ぶ急斜面だったが、こんにちでは北側の上田や南の諏訪の方から来る人が多くなった。

ヴィーナスラインができているからだ。その名のとおり、この一帯の山々は女体が横たわるような山容をみせ、草肌が多いので、セクシュアルでさえある。

山頂は一里四方も平らに思えるひろさで、晴れた日なら西に日本アルプスの穂高や槍が見え、東北の空には浅間山が煙を見せ、三六〇度の眺めがすばらしい。飛んで歩きたくなるような気分にさせられるのも、山頂が平らで草の衾《ふすま》だからだ。

「あら、ゲンノショウコかしら」

と白い花を摘むご夫妻がいた。しかし、みると、それはハクサンフウロだ。ゲンノショウコによく似ているが、ハクサンフウロには毒がある。ヴィーナスラインができてからは気軽にクルマで登ってきて、薬草をさがす人も多い昨今である。

雲上なのに美術館が建ってから、それを目当てにくる客もふえたが、ここでは草や樹について観察することをすすめたい。「美ヶ原」の名のとおり、美しい花が色とりどりだ。

毎年、雪がとけて春がくると、五月にはエンレイソウとショウジョウバカマが咲きはじめる。それを見るなら上田側から登って、山頂の手前の白樺平付近を歩いてみることだ。ショウジョウバカマの花は突き出たリボンのようだ。

今年は暖冬だったから、レンゲツツジは六月下旬から咲きそうだ。七月に入ると毎年ニッコウキスゲの群落が目をさまさせるあざやかさだ。黄色がみどりの衾によく似合う。

私は青春時代、松本から薄川《すすきかわ》沿いに直登することが多かった。石切場から王《おう》ヶ鼻《はな》へ、あるときは三城《さんしろ》牧場を通った。そこで印象に残ったのがコナシの花だ。この樹の花はピンクから白に変わってゆくことを知ったのも、ある初夏のことだ。

今日は松本からバスで頂の近くまで登って、山上を横断して山本小屋に着いた。今は美ヶ原高原ホテルと名を変えているが、経営者の山本峻秀氏は山本小屋も存続させているのが私のようなオールド・ファンにはうれしい。

山本峻秀氏の父、俊一氏が昭和初期にこの原の北端に小屋をつくったことを想うと、慧眼というほかない。こんにちでも、この一見ひろい原の中で、水が湧き、生活ができる場所はこのあたりだけだからだ。そのパイオニア、俊一氏を知っている私にとって、美ヶ原は親子二代にわたるつき合いだ。私は行くと、山本小屋のすぐ下の斜面を、必ず見る。そこにはひろい山頂にはみられない樹林帯があるからだ。一見平凡な林にすぎないが、見ると、何か昔とはちがっている。聞いてみると、

「不思議ですね、五十年前はツガの林だったのに、自然にツガの下にシラビソが生えて、今は樹相が変わっています」

とのこと。時々行ってみると、自然の変化がわかる。樹林も自然に子孫のつくり方を工夫しているのだろうか。

隠れ里の人情・大鹿村

信州は私の第二の故郷で、旧制松本高校時代は、北アルプスだけでなく、随分徒歩旅行もしたが、当時、南アルプスのふもとは訪れる機会がなかった。天竜川沿いの伊那谷は、松本から夜を徹して歩いたことがあり、聖岳や赤石岳を近寄りがたい高峰として印象づけた記憶は少しも薄れていない。

そんな山のふところといっていい伊那の奥を秋葉街道に沿って二、三日かけて歩いてみた。この先年の春の旅は、とくに大鹿村で私を感動させた。そこは、伊那谷から甲州境へむかって真東に峡谷を分け入ったところ。村の中央に立つと、出口のないような山村である。大河原という地名が、ひと昔前の上高地を思わせたが、集中豪雨のあとがまだ河原を荒々しく起伏させていた。赤石岳の見える橋の上に立つと、桜が青空に映えていた。見上げる空が目を射るように青い。

夏ならば、南アルプスの二大高峰、聖岳と赤石岳へ登る唯一の入り口として登山者の姿もかなり目立つはずだが、今は、雪解け水だけが妙に声高だ。鹿塩ノ湯という塩分の濃い温泉がある。好ましい宿だった。

その宿で、明日はぜひ、後醍醐天皇の第五皇子の隠れ住んだ「御所」の跡をみるといい、といわれて、大河原からの山路をたどった。訪れる人とてない山腹の神社、それは信濃宮と呼ばれているが、ここは宗良親王の鎮魂の場である。

南北朝時代、宗良親王という皇子は、当時、南朝方だった北畠親房と一緒にみちのくへ行く船に乗り、鳥羽の港を出たが、台風に遭って今の浜松付近に漂着し、不本意ながら、伊那の奥へひそんだのである。そしてみつけたこの山中の一角、ここなら、足利勢に発見されずに生きられそうだと思ったのか。この村のはずれに、今も「御所平」と呼ぶ地名がある。そこに仮の住居をつくって、なんと死ぬまで三十年以上身を隠していたのである。

それにしても、よくこんな不便な山中に住めたものだ、と新たな感慨が湧き、昨夜聞いた鹿塩ノ湯での話を思い出した。人間が生きながらえるためには、最低の塩分が必要だ。その塩がこの山中にあったのだ。それで安住の地にできた。その塩は、鹿塩ノ湯から湧く塩分の濃い水を煮てつくったのだ。その塩を一山越えて御所平まで運んだ「越路」という山道が、今も五万分の一の地形図に出ている。

宗良親王は、ここを根拠地にして、何回か足利尊氏を討ちに行ったが、再起できず、不運な生涯を送っている。

我を世にありやと問はば信濃なる

伊那とこたへよ嶺の松風

という歌を残している。この皇子は歌人でもあった。当時、こうした身分の人が身を隠していられたのも、地元に高坂高宗という城主がいて協力したからである。その高宗の墓もこの村の名所になっている。

しかし、おそらくそんな故事に興味をもって訪れる人も、今はほとんどいない。村役場の人は、この村が日本でも珍しい「地芝居」を今も伝統的にやっていることを知ってもらいたいと強調した。それは「六千両後日ノ文章、重忠館の段」という狂言で、ローカル歌舞伎である。この脚本を二時間五十分かけて全部やれるのは、この村の人たちだけだということである。平家が源氏に襲われる一ノ谷の戦いでの敦盛が主人公で、この敦盛が娘に化けているという設定で、彼が突然変身する瞬間が圧巻らしい。

観光時代でも、話題にならない山村だが、南アルプスの白い残雪の印象とともに、村人の心が忘れられない南信州の山路である。

アンズ咲く山里

春の信州、それも善光寺平へ行くと、アンズの花が目立つ。ことに、有名なのは、森という長野南方の山ふところである。谷間に入ると、甘い香りが鼻をつき、一面にアンズが花をひろげている。

長野の町のすぐ南、安茂里《あもり》も、少し前までは、一面のアンズの里だった。最近行ってみると、線路にちかい南面の山麓のせいか、住宅地帯と化してしまって、アンズは少ししかなかった。

安茂里にアンズが植えられたのは、江戸時代のはじめらしい。川中島の戦いも終わって、善光寺平に平和が戻った頃、松代の城主が、この山裾にアンズを植えたのである。いまでは松代の南方の森が有名になったが、長野の町を流れる裾花川の「花」とはアンズだったのではないか、とさえ思われる。

善光寺の鐘がきこえる範囲に、アンズは育つ、と土地の人はいう。いつか森に行ったとき、本当にそうだろうか、とあらためて、とりまく山を見回したことがある。森は、安茂里のその後の変貌とはまったくちがった昔のままの山里といってよかった。そこは、善光寺平が終わる東南隅といった位置で、三方から山が迫っている。来てみれば意外に、あたたかい。

四月十五日だった。この日、私は、入るなり、甘い香りに酔った。一面のアンズの花は梅より少し赤く、薄くれないい色というべきか。その色は梅より魅力的で、何といっても、香りがいい。芳香とはこのことである。

花をひとつひとつ、じっと見つめたくなる。見れば、花の下から人影が次々とあらわれ、スケッチしている人もかなりいる。そういえば、安茂里でも、戦前は、市民が、アンズの咲く日に集まり、スケッチをしてたのしんだと聞いた。いまは、この森がにぎわっている。

アンズの花は、いのちがみじかい。四月中旬の二、三日が花期である。それだから、このように人出が集中するのである。

十年前、五日ほどおくれて訪れたことがあった。残念ながら花期はすぎていた。カメラマンや画家たちが毎年のように、今年は何日だろうかとねらっている。そんな期待をいだいてゆくに値するほど、森のアンズ村は魅力的だ。

行ってみてわかったが、この山ふところは、霜もすくなく、日だまりといっていい地形ゆえに、アンズが育ったのだ。アンズは、全国的にみても、この善光寺平一帯で八〇パーセントが育てられている。それほどアンズの適地なのだ。

ちょっと見ると、サクラかと思う。しかし、アンズは桜より早く咲く。梅よりはおそいが、花はウメとじつによく似ている。

森を訪れた日、私は人出の多いのに少々おどろき、谷間の花園を見おろせる山の中腹を目指した。

村の西にある薬師山に登ってみると、「かすみか雲か」の実感がとりまいた。花はひとかたまりずつが、淡い桃色で、桜とはちがう紅色が、絵筆など日頃は手にしない人でも描きたくなるような気持ちにさせる。見れば、その山腹でも、カンバスを立てている人がいた。カメラマンも目立った。

一目千本ならぬ、十五万本もあるというのである。その花の中にちらばる農家は、草葺のものもかなりあり、「絵」になっている。

「アンズのジャムはおいしいわ」

と傍らから急に姿をあらわした若い女性が、うれしそうに連れらしい男性に言った。花より団子《だんご》か、と一瞬、私も笑いたくなったが、さっきバスの停留所から歩いてくるとき目に入った数々の土産物のなかでも、アンズのジャムは絶品だろう。

山の中腹で水彩画を持っている一人の中年の男性に聞けば、

「色がむずかしいですね」

と言い、ひとかたまりに見える花が、まるで霧のようで……と笑った。

「花の雲」とはこのような感じをいうのであろう。

アンズの花のなかに見えがくれする民家の黄土色の壁が、ちょっと中国を思わせ、「桃源郷」ならぬ「杏花村」とよびたくなった。そういえば、長野郊外の安茂里には、「杏花台団地」というのができた、と聞いた。

杏の花はなくなっても、そのイメージにあやかりたかったのか。

アンズの花に囲まれていると、何か陶然としてくる。中国の山中で仙人になったような気分である。北に見える千曲川べりも半ばかすんでいるせいか、善光寺の鐘が聞こえはしないかという幻想にもおちいる春の昼さがり。あのあたりが川中島か、とひととき、戦国時代への回想にふけった。

伊那谷の四季

1

〝天竜下り〟で名高い天竜川は、諏訪湖から流れ出す。直径約五キロある大湖だから、水盆はゆたかだ。湖が川になるところを「釜口《かまぐち》」と呼んでいる。ここから天竜川は長さ二〇〇キロにわたって南へ、伊那谷を流れて、太平洋に注いでいる。その北半分は平凡な流れだが、南半分は左右の岸が切り立って、いわゆる峡谷を見せる。河口になると再び平坦地を流れ、浜松郊外では砂丘を生んでいるが、天竜川といえば、天竜峡が名を売った。

しかし、思うに、天竜峡が有名になったのは、戦前の民謡のおかげである。市丸《いちまる》という芸者が昭和初期に「ハアー天竜下れば……」と歌って、一躍この峡谷美を有名にした。この峡谷美に「天竜峡」の名をつけた阪谷希八郎《さかやきはちろう》という幕末の人物は、市丸の名声の陰で忘れられ、石碑に刻まれた細かい由来文を読んで初めて知る存在になってしまったが、明治になって東京市長となった阪谷芳郎氏の父だとのことである。

阪谷朗廬と号したこの人の書いた『遊天竜峡記』で知ったが、天竜川の由来は、この川が夏空に見る〝天の川《あまがわ》〟と同じ方向に流れているので、天にいる竜にたとえたものだそうで、下流の人は、その昔、「鹿玉川《しかたま》」と呼んでいたという。

天竜峡は、かなり平らな伊那《いな》谷を流れていた川が山地にぶつかり、両岸を切りとるように谷間をぬってゆく地形を呼んだもので、その中流の川面を一時間ほど舟に乗って眺めるのが楽しみである。これを〝天竜下り〟と称して、市丸の歌とともに名を売った。

飯田《いいだ》の町のはずれにある弁天という乗船場から乗ってみると、最初の三十分ほどは、左右が平らでスリルがまったくないが、三十分経つと、行く手に橋脚のない虹形の水《すい》神《じん》橋が現れる。その下をくぐってからの三十分が船頭《せんどう》の竿《さお》さばきの見せどころである。

舟上には二人の船頭、舳先《へさき》に立っているのが「ヘノリ」、船尾でかじをとるのが「トモノリ」。二人とも日にやけた中年の男、しぶき除けの笠をかぶって、客を見下ろしながらの肉体労働である。説明役とうぐいす嬢の民謡は肩にかけたテープレコーダーにまかせてしまっている。

「ほら、しぶきがかかるよ！」

と、ハイライトというべき鵞流《がりゆう》峡の川面に来たとき船頭は声を上げたが、さして揺れはしなかった。思うに、下流にダムがいくつかできたことが影響しているのだろうか。

しかし、この舟を操る船頭の技術は今でもかなりの年期を必要とするようだ。

「後ろに立つトモノリはむずかしいずら」

と地元の人は言った。「ヘノリ」は一年でマスターできるが、後ろの方は最低八年かかると言った。ヘノリをマスターしたあと、経験者のなかから審査してトモノリを選んでいるとのことであった。

四十人以上の船頭が交替で活躍しているが、五十隻の舟は、昔〝笹舟〟と呼ばれた時代とは違って、プラスチック製のものさえあってじつに軽い。天竜峡の橋をくぐったところにある終点では、これをすぐにロープで空中に揚げ、一段高い断崖上の道に待っているトラックに乗せて飯田郊外の乗船場にもどしている。舟を上がった船頭さんたちの肩にひとしくテープレコーダーがあって、いかにも現代の舟下りスタイルである。

舟下りは、この続きともいうべき川面にもある。「天竜下り」と区別するために、「天竜ライン下り」と称しているが、この一時間の船上では、〝シブキ〟がないのを補うかのように、船頭が船上で網を川面に投げて魚をとって見せてくれる。

この天竜ラインの川面は波のない〝瀞《とろ》〟状である。スピードはないかわりに、両岸の自然美がゆっくり鑑賞できる。船上にはとりたての魚をすぐ賞味できるよう世話役の〝姉《あね》さんかぶり〟の女性が乗っている。

「ハヤですよ」

と言われて食べる青天井《あおてんじょう》の船上では、客の声はひととき静まる。ここでは途中、飯田線の鉄橋をくぐる。終点は唐笠《からかさ》と呼ばれる駅の下である。

舟が下船場に近づくと、爆竹が上がる。この駅はホームのすぐ下に船が見えて楽しい。これから下流の峡谷美を見るなら、飯田線に乗ったほうがよさそうだと思って、船を降りた。唐笠駅からの方向は、川下りと同じだと思ったら、なんと川の流れと逆に「上り列車」である。

飯田線は天竜川から離れて豊川にそって名古屋の方向へゆくので、京都に「都」があった時代を想い出して、微笑んだ。

2

その二、三年後、私は新幹線で豊橋までゆき、飯田線に乗り換えて北へ向かった。そこへゆくまでに新幹線が渡った天竜川の川面は、雪どけ水を滔々と流していたが、窓外はまさに春たけなわだった。しかし、飯田線がやがて二時間後にみせた天竜川の川面は、左右に急な山肌を近づけて、日の差し具合も春には遠かった。佐久間ダムも平岡ダムも頭上から差す太陽を待ちこがれているように見えた。天竜下りの看板を見せた駅も、降りる客は少なかった。

列車が伊那谷へ入ると、視界は急に明るくなり、山を遠ざけた。その遠ざけた位置に、目を射るような白雪がかがやいていた。右は南アルプスであり、左は木曽山脈であった。

列車が飯田をすぎると、私は窓外の山の構図をスケッチした。東のスカイラインは、ヒマラヤの山麓を思わせるように雲上にひときわ高く、きらりきらりと雪を光らせる高峰があった。赤石岳だ。三〇〇〇メートルを超える南アルプスの名山だ。

その左にあらわれはじめた三角形の高峰、それは塩見岳だ。これらの山々は、いったいどこから登れるのか、ちょっと入り口がわからないほど、屏風のようにそびえているのがいい。飯田を過ぎると、伊那谷に入った。

飯島という駅をすぎるあたりから、梨畑が左右にひろがった。

「松川梨といってね、あの段丘の下が一面の梨畑ですよ」

私が地図をとり出して、窓外の風景を見ていると、前の席に坐っている地元の客が教えてくれた。

飯田線は、果物の宝庫だ。すでに伊那谷に入ったときから見えはじめていたリンゴ畑。このリンゴは飯田の町では、街路樹となっている。リンゴの樹が並木を見せているのは全国でもめずらしい。

私の前の席の男が飯田の駅で降りるとき残していった一言は、このローカル線に新たな旅情を加えた。

「もう少したつと、山吹や藤が車窓を飾りますよ。初夏の水窪《みずくぼ》の駅の山百合の花は一度見たら忘れませんよ」

伊那の谷に住む人の表情は、不思議に明るかった。

駒ヶ根の駅を出ると、仙丈岳が真正面になった。まだ雪が真っ白である。三〇〇〇メートルに近い山頂は冬そのものだ。

車窓間近に見る桑の木は、すでにみどりをみせて、その桑畑がいつも天竜川の川原までつづいていた。偶然隣り合わせていた乗客がいった。

「高遠の桜を見にいらっしゃい」

それは毎年四月も下旬が満開だということであった。高遠といえば、伊那の一隅に残る小さな城下町である。

そして、また、二、三年たった春の日、諏訪湖をみる旅路を前奏曲にして高遠へ行った。まさに桜の名所だった。その桜も、こんにちの世では稀少価値といえるヒガンザクラの群れであった。城址には、眠気をさそうような暖かな太陽がふりそそぎ、雲ひとつない空を仰ぐと、年甲斐もなく少年のように空を仰いで横たわりたくなった。

桜の花を、こうして空を背景にじっと見つめたことは久しくなかった。目が霞んでくるような微妙な紅色。ヒガンザクラは、いくらか小ぶりの花弁で、紅が濃かった。現在の桜は、たいてい、ソメイヨシノばかりである。ヒガンザクラは貴重だ。あたりをとりまく花見客の嬌声も耳に入らず、しばらくの間、じっと花を見つめた。

この城下町は、城址が立体的だ。ひろい日本のなかでも、ちょっと目につかない山陰にひっそりとかくれているような町。この町が有名だったのは戦国時代、武田信玄が活躍した頃だけだともいえる。思うに、江戸時代は、隠れ里のような存在になっていたのだろう。その証拠に、この町には、江戸城から、流罪の身となって住みついた絵島の話が伝わっている。絵島といえば、徳川七代将軍家継の母につきそっていた大奥の女中である。

絵島は、当時、筆頭格で、立場上禁じられていた恋におちいった。歌舞伎役者の生島新五郎との間柄が、密通と非難され、悲恋の果てがこの山中の城下町への流罪であった。半ば政治力の手先と化していた大奥女中でも、なま身の女ならば、魅力ある異性に恋いこがれたろう。しかし、結果は老中たちの政争に利用され、ついに追放された。

高遠の城趾を歩くと、誰でもこの絵島の話を聞いて、禁男の園の悲劇に同情するにちがいない。私と前後して、絵島の墓をみて立ち去った若い二人の男女は、そんな昔話もあったのか、といった顔付きで、桜の下で肩を寄せ合いながら、春に酔っていた。

秋山郷に残る素朴さ

新潟県というと、こんにちでは佐渡、妙高、越後湯沢を思い出す人が多く、いま私が語ろうとする「秋山郷」などは、越後というには少しばかり信州に近い感じがし、といって信州とはいえない山峡の集落である。

越後の南部といっても、上越線の駅からは入れない。巨大な袋小路のような谷間で、正確には飯山《いいやま》線というローカル線の越後外丸《とまる》駅（現・津南駅）から、バスを乗りついで入る。約一日がかりである。トラックに便乗できなければ、歩かねばならない。

かつて、この谷間の未開さにひかれて、『秋山記行』という一書を書いた鈴木牧之《ぼくし》という人がいる。この人の『北越雪譜』は有名で、岩波文庫にもなっているが、『秋山記行』の方は入手がむずかしい。こういう明治以前の文献が残っている地でありながら、この谷間はいまでも僻地の生活原型を残している。

平家の落人集落の一つだといえば、いまでは素直に信じようとする人が少なく、ここもすでに批判的に見られている。民族学者の柳田国男氏も「平家の落人集落だと聞くと、私はそれが嘘であることを証明するために出かけてみる」と書いていたが、ここも調べると、源氏の落武者が住みついたという説がある。越後赤沢に住んでいた鳥山氏が敗けて、この谷間の奥へ逃げたので、小赤沢、大赤沢という集落の名が残っているのだといわれ、この鳥山氏は南朝の源氏だというのである。

しかし、大赤沢には縄文式土器が発見されているのだから、もっと古い頃から人が住んでいたのではなかろうか。『新平家物語』を執筆していた吉川英治氏も、この谷間を見に来たというが、成果があったろうか。

とにかく、ここは深く巨大な谷間である。飯山線の越後外丸駅から約十里、その最奥に和山というひなびた温泉がある。

この十里の谷間の奥は屏風のようにせまっている。その地底を流れる中津川という川のふちに、点々と家を並べた十二の集落がある。人呼んで「秋山郷」というのは、この苗場山麓である。その途中で新潟県から長野県になる。冬は越後最高の豪雪で、交通は杜絶する。まず、完全な装備をして行っても、難渋する。地底にかたまる家々の生活は完全に冬眠する。春は雪どけとともに、発電所のダイナモが回りはじめる。

冬に行けばいまでも「陸の孤島」の実感が身にせまる。夏から秋にかけてなら、昔変わらぬ風物は、民家だけかもしれない。

米はとれず、どんな食膳が出るのか、と思って訪れる旅行者は驚く。パーマをかけた美しい娘が、

「戦争のおかげでここはトクをしました」

と戦後の配慮をよろこび、先日もNHKの人がテレビの取材に来てくれた、と向上した生活を自慢する。しかし、古い民家だけは、一見に値いする。

茅葺屋根だけでなく、茅壁があるのはめずらしい。基礎工事をせずに、地面に直接柱を立てている。地中に埋めた部分が、原木のままの丸木で、地上の部分だけが角材になっている素朴さ。

根元の部分に穴があけられていて、そこから塩水を入れて防腐剤にしたとのことである。二〇〇年保っていると聞かされて、なるほどと思う。先日、合掌造りの残る飛騨の白川郷を訪れたときも貴重な文化財的民家はほとんど都会へ移築したと聞いたが、ここでもやはり大阪へそのひとつを運んだそうだ。

中へ入ると、たたみがない。土間にゴザを敷いている。鈴木牧之は『秋山記行』に書いている。

『秋山の人はすべて冬も着るままにて臥す、あえて夜具というものなし』

「住居を見るに、礎もすえず、堀立たる柱に貫をば藤蔓にて縛りつけ、菅をあみかけて壁とし小き窓あり」

この素朴さにいまでも触れることができるのはいいが、語る言葉はやはり二十世紀後半だ。

「娘を見るに、髪は油気もなくまろめつかねたるを紐にて結び、ふるびたる手拭にて頸巻をなし、木綿袷の垢づきたるが常」

と書かれているが、娘の姿は二十世紀だ。

しかし、人は変わっても、変わらないものは路傍の〝石〟と〝空〟の澄明さだ。石は道傍の道祖神であり、庚申塚であり、二十三夜塔である。

飯山線の越後外丸から、児玉というバスの終点まで乗っても、そこで降ろされてから歩く谷間の道は長く、足を疲らせる。

そんなとき、路傍の石塔に目を向ける心の余裕があれば、秋祭りの情景に、伝統への理解と愛情をもつことができるといいたい。

夏はこの谷間の最奥にある和山の温泉宿が苗場山帰りの登山者たちでにぎわうが、八月も末になると、急に人影をへらす。そして、九月上旬、登山にしか興味のない若い客たちがこの宿から消えると、この谷間では年に一度の秋祭りがはじまる。

人呼んで〝苗場祭〟。九月三日は小赤沢、四日は屋敷、五日は上ノ原と、杉の木に吊るした太鼓の音が、素朴な響きをたてて深い谷間にこだまする。

まったく素朴だ。アトラクションらしいものは何もない。神主さんと、あとは村人の群れ、しかし、そこで歌われる民謡は、一種ものがなしい響きをもち、ある人は、日本におけるインディアンの踊りだ、といった。

聞けば、この苗場祭は「十二山の神」を祀る行事である。十二山の神といえば、東北地方には多く見られるが、このあたりから、北陸一帯にもあり、あとは九州にしかないとされている。

この秋山郷は、今も民話の宝庫である。

山上の美・雄国沼

雄国沼《おぐにぬま》には、ひと昔前の尾瀬沼を思わせる自然美が保たれている。自然が破壊されていることが全国的に目立つこんにちにあって、この湖の風景は賞讃されていい。

そこはみちのくの南の一隅、猪苗代湖を見おろす磐梯山の頂から十キロほど西の山上である。山の頂が凹んで、そこに青い湖が湛えられている。そこへ行くには、最近まで歩くことを強いられた。今でも裏磐梯から登る道は昔ながらの〝山道〟である。

先年、裏磐梯を訪れた私は偶然、旧知の登山家、亀山昭氏と出会った。彼は国立公園の自然を保護する役割をになうレンジャーのひとりである。

「毎年、夏はこうして桧原湖から登り、雄国沼へ行って、ゴミを持ち帰るように指導しています」

彼は六十歳をすぎて、仙台の会社を定年退職したので、年来好きだった山登りを社会奉仕の形に変えて努力している。彼は奥羽山脈の山の花には、とくにくわしい。

彼が教えてくれたように、山肌が五、六、七月と咲く花によって、色が変わってゆくかんじである。六月はウツギの花、七月はレンゲツツジからニッコウキスゲ、花の色が、ピンクからオレンジ、そして黄色へと変わってゆく。

桧原湖畔からの山路は沢に沿い、ゆるやかに登ってゆく。高さの差は二五〇メートルほどしかない。ブナとミズナラの山肌はいかにもみちのくの一隅である。そして、突然ぱっと行く手がひらけて、そこに湛えられた山上の湖。それはコバルト色というより、紺青というべきか。

海抜一〇〇〇メートルを超えていることが、大気の涼しさからもわかる。

「草肌の山がとりまいている」

と私は思わず言った。じつに明るい。みちのくの山とは思えない。一見信州を思わせる。それが、この雄国沼のよさだ。そして、湖面は濁らず、青い鏡面のようで、天からの滴が少しずつたまってできたかのようだ。

湖の形は〝龍の落とし子〟に似て、一周しても一時間程度のかんじだが、道は西側にしかできていない。

「あれが猫魔ヶ岳だ！」

と私は思わず言った。その名の異様なイメージとはちがって、じつに物しずかなピークだ。その手前に、小さな岩がみえる。「猫石」とよばれる露岩である。この山のうしろに磐梯山があるはずだが、見えない。ここには磐梯山とはちがう旅情がただよっている。

湖を見おろす斜面がとりまき、どこでも歩けそうだ。しかし、湖畔におりてゆくと、そこは当然のことながら、湿原で水中植物が茂っている。バイケイソウが群落をなしている。湖の北岸に板を敷いた人工歩道ができている。

水中植物、湿原植物を見る人のためにつくられた数百メートルの周遊コースは、途中で〝板道〟が湖面より沈みこんで歩けない。思うに、この湖はつねに湖底から水が湧いているのだろう。それで、このゆたかさと澄明さが保たれているのだ。

裏磐梯の湖、桧原湖へ流れてゆく雄子沢《おしさわ》川はつねに水量ゆたかだ。板敷きの歩道のわきに説明板がある。

「この湿原は三千年の歴史がある。天然記念物に指定されている」

それにしても、この湖は奇跡的といいたいほど自然が保たれている。周遊道路をつくらないということ、それだけではない。思うに、この一帯には、湖がありすぎるので、こんな小さな湖は、幸いにして、人目につかないのだ。なぜなら、まず猪苗代湖がある。磐梯山の裏側には、桧原湖はじめ、小野川湖、秋元湖がある。それだけではない。湖色にひかれる人には、五色沼がある。磐梯山の南北は、湖のオンパレード（総出演）である。雄国沼は幸いにして、西の片隅で人目につかずに過ごしてきた。

磐梯山の西の一角という位置にありながら、湖畔までクルマを寄せつけない。湖の周囲は湿原植物の保護地域で、人寄せの施設はない。

会津若松の町から北へ、喜多方の手前の塩川で東に折れてこの湖を目指すと、道は急に数百メートル登って、金沢峠に着く。マイカーもここまでしか行けない。降りて峠の上に立つと、眼下に広がる青い湖。南北一・三キロ。その高さは一〇〇〇メートルを超えているので、夏でも涼しい。湖畔は西側の一角しか歩けない。

この湖の魅力は、その背景の大きさと対照的な小ぢんまりとした湖面。

「猪苗代湖はあまりにも大きいので、鑑賞できませんが、雄国沼はスケッチしたくなりますね」

と私に言った中年の男性は、桧原湖のほうへ下って行ったが、ミズナラとブナの林を縫う山路は人に会わなかった。一人で下る林間で、私はこの湖の過去を思った。

湖畔の湿原は三〇〇〇年前からできたものだ。猫魔ヶ岳とよばれるちょっと怖い名の火山がつくりだしたカルデラに水がたまったのだ。雄国沼という名は男性的だが、実景は牧歌的だ。草原の湖畔の一角が湿原と化し、歳月とともに湖底が浅くなり、水生植物が育った。水深が浅くなるとヤチスゲ（谷地菅）のような湿原植物が根を広げ、冬になっても、生き続ける。寒すぎる山上なので腐らないのである。そして数千年の歳月が湿原植物を堆積させ、こんにちの風景になったのだ。

やがて水底は泥炭になってゆくが、酸性化しても植物は育つ。夏の一時期だけ来る人間たちが傷めつけなければ、その生命力は続くだろう。そんなことを考えながら、私は桧原湖に下った。

水没した秘境・三面《みおもて》

米坂線小国駅での朝は、さわやかに明けた。上野を夜行で発ち、みちのくへの北上が、米沢で夜明けとなり、始発列車をしばらく待って乗ったローカル線の窓外は、次第に明るくなり、朝八時、新潟県と山形県の境にちかい小国の駅は、涼しい夜気をはらって、北に朝日岳の山々を見せた。ここで降りる。バスが一時間ほど奥の山間まで走ってくれる。あとはどうなることか。歩くのである。蕨峠を越えてゆく。

三面――ミオモテ、この山村に惹かれて来た。戸数四十戸、人口二一一人、熊狩りのメッカであり、美人郷だといわれてきた。そこは東北と越後の境、裏日本も日本海にちかい、人の口にのぼらぬ山村である。なぜそんな峠へ行くのかといえば、この蕨《わらび》峠を越えると、三面という名の山村へたどりつくことができ、そこは日本でも、人煙まれな山中といわれてきた、孤立の集落だからである。

人は戦後、ここを「平家の落人部落」として語ったが、ダムができたことによって、この僻村は一般の例と逆に、かえって不便になったともいえるのである。小国から北へ山あいを縫う一本の街道は、冬ならば、雪に屋根まで埋まりそうな、低い農家を点々とみせて、直線に北上している。荒川に沿い、コンクリートの立派な橋を渡ると、川は右手につづき、栃倉、樋ノ沢という村名をすぎると、荒沢でバスは停まった。ここで降りて、さらに北へ歩くのである。

道はゆるやかに登っていく。入折戸《いりおりど》という二、三戸の集落を最後にして、道はすこしずつ傾斜をましてゆく。意外に道は広い。トラックへの便乗ができそうに思えた。この谷は、東側にダムが出来上がってから、陸上交通路として唯一のものとなり、現在、営林署がブナの木を運び、ダムの上流に資材を運ぶために道幅を拡げて、整備が終わったかんじである。私はトラックをよびとめ、峠の上までゆくことを考えた。視界に入ってくる風景があまりにも美しいので、私は峠の手前、二、三百メートルのところで、トラックを降りた。右の視界いっぱいに、雪を輝かせた高い山々がそこにあった。

朝日連峰――いうまでもなく、東北地方では、日本海の風を真正面から受けて、雪の多いことでは、飯豊山《いいでさん》とともに知られた未開の山々である。それは東西三十キロ、南北六十キロという広さに、群がってそびえる二〇〇〇メートルちかい高峰群である。

高さはアルプス級ではなくとも、この山々は雪を豊かに残し、現にいま、初夏の光をうけて立つその山々は、半分が白銀の肌である。

テントをかついで、四、五人のパーティーを組んで、山頂で二、三日寝るプランをたてるなら、縦走は可能かもしれないが、ひとりで歩いても、山小屋が利用できる日本アルプスあたりとはちがう。登山ブームのこんにちでも、三面の方から、飯豊山、朝日岳というこの魅力ある山々に、あまり登山者が訪れないのは、アルプスのように、尾根に山小屋がない、ということもあろう。そのうえ、雪は半年ちかくの間、谷間を埋めている。

奥三面の山村は、バスの終点から、約十三キロの距離にあり、谷底に小広い平地をみせて、平和な感じにあふれていた。その集落へ入る直前にある橋はこわれていた。三面の村は、その日、完全に東西両面から、交通が杜絶していた。今日は、一九六〇年の初夏である。人造湖のできた西側から入る道も、船を下りてから、約一里（四キロ）を歩かなければならぬ距離にある。ここは完全に四方を山で囲まれた、猫のひたいのような平地である。

冬はシベリアから吹きつけてくる季節風が、いわゆる「西風」となって、湿った水蒸気を吸収して、この山々へ、毎日のようにぶつかってくる。風は上昇気流となって稜線へ吹き上げられ、膨張冷却して、雪に変わるのだ。ここは、裏日本でも最大の豪雪地帯である。いわゆる、「偏東積雪」が現れるのだ。雪は山の稜線の東側に深々と積もって、なかなか解けない。

雪庇という雪の残骸が、この山ほど見事にできるところは少ない。雪庇は名のとおり、山の頂で屋根のようにはり出し、気温が高まると、雪崩となって落ちる。春先の雪山を駆けまわる熊狩りの猟師たちが、不慮の死をこうむるのは、この雪庇がおちて、雪崩となる時だ。

その雪崩とのたたかいをつづけることによって、マタギたちは生きてきた。国立公園の管理人(レンジャー)をしたことがあるという徳網《とくあみ》の伊藤五左衛門氏は、荒川の谷の源流にちかい最奥の集落で、ながい間、熊とたたかってきた男のひとり。朝日岳登山をする人々にとっての、よき相談役でもある。どこでゼンマイが取れるか、どこで水筒の水を満たしておく必要があるか、ということまで教えてくれる。

一夜は、遠路からの旅人が、必ず一宿一飯の世話になる、高橋善作氏の宅で過ごした。濁り酒と三面美人は、もうむかしがたりと聞いていたが、濁り酒もあったし、美人もいた。庄屋の小池大井之助氏は、かつて、いまは湖底に沈んだ谷底の道を、一本足駄を履いて、村上まで出掛けていったという。奥三面にそびえる平四郎峰という山の名も、マタギの活躍を偲ばせた。とりまく山はマタギのふるさとなのである。しかし、奥三面は、その後、完全に水没してしまった。住民はすべて移住し、今は東西八キロ、南北八キロもある星形の湖水と化している。マタギたちの名残の声が聞こえてくる。

十和田湖の魚影

1

十和田湖も、夏から秋にかけては、訪れる人が多すぎて、宿へ泊まっても、地元の人の話をゆっくり聞く暇がない。冬に行ってみると、気の抜けたような淋しさで、こんな寒さのなかで、毎年冬を過ごすのか、と同情した、という感想を抱いて帰ってきた人がいる。そんな冬でも、奥入瀬《おいらせ》の渓谷を縫って走るバスが運転される時代になった。それを聞いて、一度真冬の、あの滝が次々とつららになって凍る冬が見たいと思っている私だが、まだ果たせない。しかし、先年、晩秋といってよい季節に湖畔を歩いたことがある。

紅葉はすっかり終わって、湖面は冬を迎えようとしていた。そんな日は湖畔のどの宿も人待ち顔で、そのとき聞いた湖の今昔譚は、私のメモ・ノートをかなり充実させた。

ヒメマスの話が心に残った。

十和田のヒメマスといえば、和井内貞行という人の涙ぐましい努力が語り伝えられている。今でこそヒメマスは、この湖の主のように思われているが、彼が養殖に成功する明治の中期まで、この湖には魚はいなかったのである。「水清ければ魚棲まず」のたとえのとおりで、透明なことも、想像を絶したすばらしさであった。

「小さい頃は、中山半島の岸で泳いだものだ。湖底には枯木がはっきり見えたナス」

人影のない湖畔の一角、宇樽部の老人の一人は実感をこめて言った。吐く息がすでに白く、冷たい大気に溶けた。

改めて、見渡す寒々とした湖面。いつのころから、この湖畔に人が定住したものか。こうしたカルデラ湖という成因の湖の岸には、今でも人が住まないことが多い。周囲の切り立った湖岸、その上、東北地方でも北にかたよった位置ならば、夏は旅行者のために商売する人があっても、積極的に一年中住もうとはしないものだ。同じ湖でも琵琶湖や浜名湖とはちがう。この湖へ放流したヒメマスの、もとの棲家といわれる北海道の支笏湖を見ても、その後ホテルや温泉は建ったが、今でもその湖畔に民家らしいものはない。

十和田湖畔にいちはやく人が住みついたのは、幸か不幸か、その西岸に銀と鉛の採れる鉱山があったからである。鉛山、銀山という地名が生まれたのは、すでに江戸時代の初期である。隠れキリシタンがもぐり込むことはあっても、旅人などは来なかった。鉱山に働く人夫たちの集まりが、いわゆる飯場になって屋根を並べたのである。江戸時代はかなり採鉱したが、明治に入ると掘りつくしたのか、明治十年（一八七七）には廃鉱となった。そのとき、職を失った鉱夫の一部が湖畔に民家を建てて、今の休屋あたりに住んだのである。

のちにヒメマス生みの親となった和井内貞行は、その当時、この湖の南、毛馬内の町で青春期を迎えようとしていた。まだ、世人はこの湖の美しさをたたえはしなかった。国立公園になるなどとは夢にも思わなかったであろう。

和井内貞行が若くして、初めて見たこの湖は、ただただ目を見張らせる神秘そのものの湖面だったにちがいない。南祖坊《なんそぼう》という行者が修業した霊場だという伝説が、付近の人々にかたく信じられていて、一木一草はもちろん、湖中に魚がいないのも、他の湖とはちがって、神様が命じた神聖な霊地ゆえだと、このあたりの人は、なかば信じていた。しかし、和井内貞行は少しばかり科学的に考えた。そんなはずはない。どうして、魚が棲まないのか。

村人たちは、この湖の主といわれる青竜権現さまが魚を嫌ったからだといったが、彼は信じなかった。明治初期に、こうした迷信に抵抗するのは、さぞ大変な勇気を必要としたであろう。

しかし、最初から、彼にヒメマスを育てようなどという発想があったはずはない。まず、コイであった。コイの稚魚を六〇〇尾、湖に放してみた。明治十七年のことである。しかし、村人のいうように、育たなかった。毎年毎年試みたが、結果は駄目だった。

普通の神経の持ち主なら、そのへんであきらめてしまうだろうが、和井内貞行は、さらに挑戦した。明治三十三年、彼は、コイをあきらめて、新たに、マスを放流してみた。このマスは、北海道の湖育ちであった。阿寒湖のマスが居ついた支笏湖のもので、アイヌたちが「カバチェッポ」と呼んでいる小柄なマスだった。

思うに、支笏湖と十和田湖は、成因もカルデラ湖という火山の陥孔に湛えられた湖水であり、その地形も、水質も似ていることに気づいたのであろう。位置も、日本では二湖とも北国に位置しているなら、さして変わらず、絶対今度は育つと信じたのであろう。

結果は成功であった。三年前に放流したマスの稚魚が、ある日、一尺五寸もの巨大さで湖中に泳いでいるのを見たときの感動は、どんなであったろう。藍色の湖面に見えがくれする銀の鱗の輝き。この成功譚は、のちに「われ幻の魚を見たり」という題で劇映画にもなり、一躍彼の苦労を世に評価させたが、私には、当時、この地方の人々の迷信、伝説の壁と闘った半生におよぶ彼の気持ちのほうが、ヒメマスの姿以上にクローズアップされてきて、今、人影ない湖畔に立つ私に、ひと昔前の静かな十和田湖がよみがえった。

2

翌日、私は、休屋にある博物館で、ヒメマスの育つ図解の表を見た。今では他の湖にもヒメマスのいる時代だが、十和田湖は、そのパイオニアであることを誇りとしている。和井内貞行の名前は、休屋の近くの神社にも残り、ホテルの名にもなっている。和井内ホテルは、にぎやかな湖畔の中心地、休屋からは少し離れた静かな岸に建ち、現在の経営者は三代目である。

その宿の前に立って、あらためて湖面を見渡すと、この湖中に泳ぐヒメマスの姿が想像される。私は今まで各地を旅して、あちこちでマスやイワナの話を聞いたことがある。ヒメマスは今や貴重品で、ニジマスが多い。多くの養魚場で賞味したのは、ほとんどがニジマスであった。

田沢湖では、ヒメマスのことをクニマスと呼んでいたのを思い出したが、ヒメマスは名のとおり、「姫」で、成熟してもせいぜい三〇センチ止まりの処女を思わせる魚である。しかし、このヒメマスも、ひとたび海へはいって生活すると、ベニマスに変身することを、多くの人は知らない。サケの一種だから、湖や川だけでなく、海でも生きられるのである。

和井内貞行が初めて見て歓喜したヒメマスの成魚も、おそらく、十和田湖から奥入瀬の渓流を下って、いったん太平洋へ出て、二、三年生活して、変身し、数倍の大きさになって戻ってきたときの姿であろう。魚の研究家に聞くと、サクラマスが川だけで一生を送ると、ヤマメになるのだそうで、ベニザケを湖に封じておけば身体も小さくなって、ヒメマスに変わるというのである。

ヒメマスを放流しても、簡単には育たない。稚魚は、湖から川へ下る本能があり、一年目にはその数が十分の一に減ってしまうという。二年目は、さらにその十分の一となり、ふたたび戻ってきてくれなければ、会えることは絶対にない。

和井内貞行が試みたときも、おそらく、ヒメマスの原種カバチェッポは、競って奥入瀬の川を下ったことであろう。湖にいても、岸の近くにいると、ヒメマスは狸に食われることがあるらしい。狸の胃を裂いて調べたある研究家の話によると、なんと三十尾ものマスが食べられていたというのである。

今棲む十和田のヒメマスは、それぞれどういう旅を体験してきたのだろうか。マスやサケの一生はこんにちでも謎に充ちている。

その夜、泊まった休屋の宿で食膳にのったヒメマスは、産卵期の秋を迎えたせいか、全身に独特なベニ色の斑点を見せて、味も美味であった。

彼らは今ごろの季節、競って川へはいって産卵しようとしているにちがいない。一尾のヒメマスが、その夜私に与えた想いは、和井内貞行の昔からこんにちまでの湖の変貌、今は変わり果てた湖畔の風景とともに、一尾の魚の一生とその生活が脳裏に浮かんでは消えた。

晩秋の十和田は、すでに紅葉を終わって、冬を迎えようとしていた。湖に突き出た二つの半島の色彩も、いつか秋に見た華やかな色彩とは打って変わっていた。ヒメコマツだけが、変わらない緑を見せている。私は、人っ気のない中山半島の樹林の中へ入ってみた。旅館街が終わったところに、十和田神社がある。このすぐ前の渚が、かつて修験の僧が修行した占場である。半島の高みを伝わると、伝説の人物、南祖坊が修行したという自籠森《じこもり》がある。

突然、行く手に巨大な岩石が立ちはだかっていた。「自籠」とは、自ら籠った場所という意味である。この岩場一帯が、東北では恐山とともに二大霊場、行場だったというのである。

私は、ロッククライミングの気分で、鉄の鎖を握ってその頂へ登ってみた。鉄のハシゴもある。よくぞ見付けたと思われる巨大な自然石の頂である。

ここから先は、今でも踏みこめない。中山半島はほとんどが人跡未踏の感である。しかし、それでいいのだ。有名すぎる十和田湖だが、この人を寄せつけない処女地帯が、こんにちまであの五色の紅葉を育てつづけているのだ。今私の立つ左側というか、この半島の東側の中湖の岸は、長い間、舟で乗りつけることも禁じている聖地だったのである。その水色は、湖中の秘境にふさわしく、今も透明度がちがうように思える。

寒々とした夕方が訪れようとしていた。

「明治のころは、十和田湖畔といえば、まるでシベリアかカラフトのような寒い僻地と人は言ったものです。それが今は、すっかり観光地になって……」と言った宇樽部の人の言葉を思い出しながら、宿へ戻る前にもう一度、人っ気のない岸に立って、対岸を眺めた。和井内ホテルの先、かつて銀と鉛を採っていた鉱山は、姿を消している。鉛山という地名は江戸時代の鉱山跡で、今は廃墟だろうとばかり思っていたのに、細々と採掘していた鉱山が、なんと一九七〇年という年に、鉱毒を流して、ヒメマスが死ぬという事件が起こったのである。

ここでヒメマスを育てているのは、和井内貞行の時代とちがって、今では水産庁である。ヒメマスを保護する立場にあるのは文化庁である。この公害事件は、当然、その鉱山事務所の責任者を喚問することになった。しかし、彼は、気の弱い、一人暮らしの所長であったらしい。すでに世間で非難の的となりつつあった公害の元凶として、責められることに耐えられなかったのであろう。彼は、文化庁へ出頭を命ぜられた日の朝、自ら命を絶ってしまった。

「十和田湖汚染で自責！　公害の鉱山所長が自殺」の記事は、地元の新聞に出ただけで広く知られなかったが、十和田の今昔を知る人には、ショックであったにちがいない。

和井内貞行が半生を捧げて苦労したヒメマスの養殖、それから数十年しか経っていない時期に、それを否定するような現実を生んでしまった所長の立場は、彼個人にすべての責任があったわけではないだけに、自殺という形に追い込まれた現実が大きな反響を与えた。

私は、和井内貞行の苦労が実った明治末期、この湖を初めて訪れて感動した大町桂月の心境を思った。彼はその後、この湖に惚れ込み、奥入瀬渓谷の真価を天下に知らせ、ついには、本籍まで移して、この湖に近い蔦《つた》温泉に晩年を送り、そこで念願通り生を終え、土と化したことを想った。和井内貞行、大町桂月、こうした先覚者がいた湖は、他の湖とはちがう。その評価は、後世に語り伝えるべきものである。

生きるために努力するにしても、公害という形で、この湖を汚すことは絶対避けるべきだ。と思いながら、寒々とした湖畔を、私は立ち去りがたい気持ちで、ゆっくりと歩いた。

あとがき

「名残の山路」と題したのは、私個人の気持のあらわれである。大正末期に生まれ、昭和、平成と生き、九十三歳で「令和」時代を迎えたことを思うと、過去のすべてが、名残惜しい記憶となってよみがえる。

名残とは、過ぎ去っても、心に残る心情であり、月ならば「有明の月」のように、周期的に現れて、忘れかけていた情景を想い起こさせる余韻であり、幻影ではない。

この一冊は、紀行文集である。紀行文を書き始めたのは、戦後まもない頃からで、今日まで続けてきた旅の所産である。その間、六十冊以上の著書を出してきたが、この一冊は、還暦から米寿までの、約三十年間、平成時代の成果をまとめたものである。

第一部は、初老を過ぎても、是非行きたかった未見の地、変貌した環境の経緯を知りたかった地への再探訪である。

第二部は、昭和、平成時代にも、意外に語られなかった山路のエピソード集である。

第三部は、今も忘れ得ぬ情景がよみがえる地、郷愁を感じた曽遊の地である。

全四十五篇、文庫本にしたが、書き下ろした新稿もあるので、新刊書として評価していただきたい。この一冊が、年号の改まった「令和元年」の開幕に合わせて出たことは嬉しいことである。歳月も旅をしている。大正生まれなので、「人生は旅である」の実感を噛みしめている。

二〇一九年五月

岡田喜秋

初出一覧

本書は初出の稿に、著者が加筆、修成しています。

第一部

大杉谷・再探訪　『旅』一九八九年九月号
翁峠盛衰記　『山と溪谷』一九九九年二月号
安房峠への愛惜　『山と溪谷』一九九八年五月号
安曇野の水路秘話　『旅』二〇〇二年十月号
甲州の誇る長寿の里　『四季の味』二〇〇九年冬号
他、五編は書き下ろし

第二部

『ＹＥＳ』（ＪＴＢ営業部発行）連載　一九八九〜九〇年
「信州・南北の秘湖」は書き下ろし

第三部

『ＹＥＳ』（ＪＴＢ営業部発行）連載　一九九〇年
「伊那谷の四季」「十和田湖の魚影」は書き下ろし

名残の山路

二〇一九年七月二十五日　初版第一刷発行

著　者　岡田喜秋
発行人　川崎深雪
発行所　株式会社　山と溪谷社
郵便番号　一〇一―〇〇五一
東京都千代田区神田神保町一丁目一〇五番地
http://www.yamakei.co.jp/

■乱丁・落丁のお問合せ先
山と溪谷社自動応答サービス　電話〇三―六八三七―五〇一八
受付時間／十時～十二時、十三時～十七時三十分（土日、祝日を除く）
■内容に関するお問合せ先
山と溪谷社　電話〇三―六七四四―一九〇〇（代表）
■書店・取次様からのお問合せ先
山と溪谷社受注センター　電話〇三―六七四四―一九一九
ファクス〇三―六七四四―一九二七

フォーマット・デザイン　岡本一宣デザイン事務所
印刷・製本　株式会社暁印刷

定価はカバーに表示してあります

Printed in Japan ISBN978-4-635-04871-2